増補

中学生が書いた消えた村の記憶と記録

日本の過疎と廃村の研究

学校法人きのくに子どもの村学園長
堀　真一郎　監修

かつやま子どもの村中学校
子どもの村アカデミー　著

黎明書房

ふるさとが消えてゆく　増補版への序

かにかくに渋民村は恋しかり
おもひでの山
おもひでの川　　　　石川啄木

名はいまは忘れはてたれ顔のみのふるさとびとぞ夢に出で来る　　若山牧水

明治の終わりから大正にかけて多くの人に愛された二人の歌人の作である。ふるさとは、そこから遠く離れて暮らす者にとって、折に触れて心によみがえり、共感となぐさめと、そして希望と励ましを与えてくれる大切な存在だ。たとえ、つらい思い出や悲しい思い出があるとしても……。

しかし、現代ではそのふるさとが次第に失われていく。昭和三〇年代の高度経済成長時代に入ると、山の村の過疎化がじわじわと進み、人々、とくに若者が都会へ出て行き、やがて「限界集落」などと呼ばれるようになる。子どもの数も減って、懐かしい母校も閉鎖に追い込まれる。生まれ故郷に帰っても、かつての家々は崩れ落ち、校舎さえも解体されてしまっていることが少なくない。

本書は、このような深刻な状況に心を痛めた中学生たちが各地を回って取材し、文献や資料で調べて出版した本の増補版である。この中学生たちの思いと努力を感じ取っていただけたら幸いである。

二〇一八年六月

学校法人きのくに子どもの村学園　学園長　堀　真一郎

増補版にあたって——またひとつ村が消えてしまった！

平成二七年（二〇一五年）の夏、私たち「子どもの村アカデミー」というクラスは、「世界の子ども」というテーマで活動していました。児童労働や病気で苦しんでいる子ども、ストリートチルドレンなど貧しい生活を送っている子どもについて調べていたのです。校外にも出かけて、自転車で世界一周をしたミキハウスの坂本達さんや、大阪の釜ヶ崎というところでホームレスの支援活動をおこなっている「旅路の里」の髙崎恵子さんに、世界各地の子どもの生活について話を聞いて情報を集め、その内容を一つの冊子にまとめました。このように、研究をはじめてから三ヵ月ほどがたち、一学期も終わりに近づいたある日のことです。学園長の堀さんからこんな提案がありました。

「さいきん、杉山《すぎやま》の村から人がいなくなってしまったと聞いたよ。杉山をテーマに、また消えた村についての活動をしてはどう？」

杉山とは、この本の第一章でとりあげられている中野俣《なかのまた》のとなりにあった小さな集落です。ここも廃村になってしまったというのです。消えた村についての活動とは、私たちの先輩たちが二年前の平成二五年（二〇一三年）におこなった「消えた村」や過疎化のすすんだ地域の研究のことです。最後はホンモノの本（『中学生が書いた消えた村の記憶と記録』黎明書房、二〇一四年）を出版しました。この消えた村の活動を引き継いで、今度は杉山を調べてはどうか、というのが堀さんの提案です。

私たちはそれまでのテーマを続けるのか、活動を「消えた村」に変えるのか、とても迷いました。

「せっかくここまで続けてきた活動をやめるのか?」「テーマを両立させて、二つともしよう」などいろいろな意見が出ました。この年から、クラスのメンバーは新しい六人になっていました。「本当に、本を出版した本格的な活動を引き継げるのかな?」という不安もありました。しかし、最終的には、テーマを変更することに決めました。私たちは小学生のころから、中学校の「子どもの村アカデミー」というクラスが調べていた問題に興味がありました。そして、中学生になった時、自分たちも難しい問題に挑戦したくて、担任のいないこのアカデミーという変わったクラスに入りました。それで、今度は出版できるかどうかは分からないけれど、消えた村のテーマでがんばってみようと決まりました。

杉山という消えた村について調べると決まったのはいいのですが、さいしょは活動がまったくはかどりませんでした。今までしていた調べものとは違って、何から手をつければよいかよく分からなかったために、時間だけがすぎていきました。二学期がはじまってしばらくたった頃、「影の大人」である丸ちゃんが、先輩たちの書いた『中学生の書いた消えた村の記憶と記録』(この本の第一~五章)をわたしてくれました。全員でこの本を読んで、これから調べるべき内容をまとめることにしました。まずは、杉山について詳しくなろうと考え、みんなで調べる項目を出し合うと、食文化や伝統行事などたくさん挙がりました。それでも、やはり問題がありました。杉山という小さな集落について、インターネットには情報がなく、また杉山について書かれた本も見つからなかったのです。「やはり活動は進まない」と私たちはとても困りました。そこで、以前、杉山に住んでいて区長をされていた安岡邦雄さんにお願いして、お話を聞かせていただくことになりました。

安岡邦雄さんにお願いして，現地で杉山の話を聞きました

すると、杉山にはどのような歴史があって、どういう生活をしていたのかがつかめてきました。その後、調べものを進めていくと、さらに知りたいことがふえてきました。そこで、再びお願いして安岡さんに杉山を案内していただきました。また、安岡さんの娘さんである山内千鶴代さんにも、お話を聞かせていただきました。このお二人のお話をヒントにして、私たちの活動が本格的にできるようになりました。こうして、私たちの「続・消えた村の研究」が始まりました。その成果が「第六章　杉山の人とくらし」です。先輩たちの書いた第一章から第五章と合わせてお読みいただければ幸いです。

二〇一八年四月一日

かつやま子どもの村中学校　子どもの村アカデミー

上野陽子・占部愛莉・竹尾つぶら・

中山千嘉・平野将広・前田新

変わった学校の変わったクラスの大きな仕事

学校法人きのくに子どもの村学園・かつやま子どもの村中学校。この名前は長いが生徒数わずか二九名のミニスクールは、名前だけでなく中身も尋常ではない。普通のどの学校にもあるものが、この学校にはない。試験がない。宿題がない。チャイムが鳴らない。学年の壁がない（縦割り学級）。教科の壁がない（体験学習が中心）。「先生」と呼ばれる大人がいない。地域社会との壁がない……等々。

この「ないないづくし」の学校でいちばん変わっているのが「担任のいないクラス」だ。朝の連絡から「プロジェクト」の計画と実行まで生徒がおこなう。本当に困ったときは「影の大人」が助けてくれる。しかし普段はめったに顔も口も出さない。この誇り高き中学生のクラスは「子どもの村アカデミー」という。メンバーは多いときでも八～九人だ。

「プロジェクト」とは、人間が生きるうえで最も基本な営みから題材をとり、少なくとも一年間、これにこだわり続けて、広く、そして深く学ぶ体験学習だ。中学校では毎週十一時限がこれに充てられている。クラス名はプロジェクトのテーマからつけられる。「自然研究室」「劇団バッカス」「道具館」「ドン・ファーマー」といったところだ。生徒たちは積極的にとりくみ、こだわって調べ続ける。学力は大丈夫かという心配はご無用。彼らの高校での成績は信じられないくらい良い。

かつやま子どもの村は、もとは勝山市立北谷小中学校という公立校であった。七つの村と一つの町が合併して勝山市が誕生した一九五四年には、小中あわせて五〇〇人近い子どもがいた。しかしその後、この地域では猛烈な過疎化が進んだ。四〇年後には子どもは小学生一人になり、とうとう廃校に追い込まれた。勝山の市長さんと教育長さんは、地域のためになんとしても学校として残したいと、和歌山に本拠のある学校法人きのくに子どもの村学園に声をかけてくださった。校舎もグラウンドも無償で貸す。もう一つの子どもの村をつくらないか、というのだ。このプランに福井県も文部科学省も賛同して、一九九八年、日本で最初の自己所有の施設を持たない私立学校が産声を上げた。

この学校の始まりに興味を持ったのが「子どもの村アカデミー」の中学生たちだ。彼や彼女たちは、なぜ学校が廃校になったか、どうして急激に過疎化が進んだか、人影の消えた村は今ではどうなっているか、社会の変化とどのような関係があるかなど、どんどん関心を広げていった。そして行き着いたのが「消えた村」の問題だ。この問題にどっぷりはまり込んだ中学生たちが書いたのが本書である。たかが中学生の本……といわないで、最後まで目を通していただけると幸いである。

それにしても「アカデミー」の諸君、本当によくやった。苦労して最後の仕上げを終えた長田のっこ、田村志織のお二人、そして「影の大人」の丸山副校長もお疲れ様でした。

二〇一四年七月二五日

学校法人きのくに子どもの村学園　学園長　堀　真一郎

はじめに

子どもの村アカデミーとはこんなクラスです

私たちは、「かつやま子どもの村」という学校にある、「子どもの村アカデミー」というクラスの中学生です。このクラスには、なんと担任がいません。それに、中学生の人数も少なく、二〇一三年度は二人しかいませんでした。活動の計画を、その少ない中学生が自分たちで立てています。社会問題について調査をしたり本づくりをしたりする活動が主で、授業も自分たちだけで進めます。担任がいないといっても、本当に困ったときに相談にのったり、大切な話し合いに参加したり、車の運転をしたりしてくれる「影の大人」はいます。しかし、基本的には何でも中学生だけでしなければならないクラスです。

たとえば、見学先や市役所、お話を聞かせていただく方との交渉も、自分たちで電話をかけておこないます。思ったように進まず、焦るときもあります。「担任がいないと、やっぱり大変だ」と感じるときも少なくありません。けれど、そこがいいところでもあると思います。

かつやま子どもの村小・中学校とはこんな学校です

そして、この「子どもの村アカデミー」があるのは、「かつやま子どもの村小・中学校」という少し変わった名前の学校です。名前だけでなく、中身も変わったところがたくさんあります。

まず、授業の半分が体験学習にあてられており、木工、米づくり、演劇、ビオトープづくりなどの活動をします。この体験学習はプロジェクトと呼ばれ、クラスもプロジェクト活動のテーマによって編成されています。子どもたちは四月に自分が所属するクラスを選べます。そのため、クラスは学年ではなくプロジェクトの活動で分かれています。

小学校は、一～六年生まで同じクラスで活動をします。中学校も、一～三年生まで一緒に活動をします。二〇一三年度のクラスは、小学校は「よくばり菜園」「クラフトショップ」、中学校は「劇団バッカス」「自然研究室」「子どもの村アカデミー」で、学年ごとに分かれているクラスはありません。そしてクラスごとに、自分たちで話し合って活動を決めます。

たとえば、木工をするクラフトショップにはいれば、どんな建物をつくるかなどを、子どもたちが相談して決めます。これまでに、すべり台、忍者屋敷、ベランダ、別荘などをつくってきました。演劇をする劇団バッカスにはいれば、どんな内容の劇をするか、意見を出し合って自分たちで決めます。これまで、楽器演奏やオリジナルの劇を発表してきました。

大好きなクラスにはいり、自分のしたい活動に一年間とりくめるので、毎日がとても楽しいです。大人がかってに決めてしまうより、自分たちで意見を出し合って決めたほうが、忙しかったり大変なことがあったりしても「自分たちで決めたから、がんばろう」と思えます。

また、この学校では先生のことを「先生」と呼びません。一人ひとりに、あだ名をつけて呼んでいます。たとえば片山晴喜さんは「片山先生」ではなく「ゴンちゃん」、髙木克昭さんは「かっちゃん」、中村諭子さんは「ハイジ」です。学園長の堀さんも「学園長」とか「校長先生」とは呼ばず、「堀さん」です。

小学生も中学生も集まって、週に一回「全校ミーティング」をします。ミーティングで話し合う内容はいろいろあります。困っていることがあって解決してほしいとき、何か楽しいことを企画したいときなど議題はさまざまです。議長や書記も、子どもたちがつとめます。意見を出し合ったあとは、多数決をとります。一般的には、多数派の意見に決まるのが多数決だと思います。けれども、子どもの村では少数派の意見も無視せず考えます。少数派だった意見をもう一度考えなおして、その意見に決まることもあります。

また、旅行にもたくさん行きます。クラス旅行や国内修学旅行、イギリス修学旅行などがあります。クラス旅行は、プロジェクトに関連のある場所に行きます。たとえば、劇団バッカスなら劇を見に行ったり、クラフトショップならお寺などの建物を見に行ったりします。行き先は子どもが自分たちで調べて決めます。国内修学旅行も、行き先を自分たちで決めて計画を立てます。これまで沖縄や北海道、九州などに行きました。イギリス修学旅行も、行きたいところを自分たちで決めて進めます。ロンドン近辺だけでなくスコットランド、北アイルランドまで行く年もあります。

ほかにも、三時のおやつが出たり宿題がなかったりなど、この学校にはまだまだ変わっているところがたくさんあります。

寮もあるので県外から来ている子もたくさんいます。関東方面から来ている子もいれば、九州から来ている子もいます。消灯時間や朝ごはん当番、トイレ当番など自分たちで決めたルールを守って、毎日生活しています。朝ごはん当番は、七時に起きないといけないので大変ですが、六〇人分のごはんをつくるのは楽しいです。そして、なんといっても寮のよいところは、友だちとずっと一緒にいられることです。部屋のみんなでトランプをして遊んだり、友だちに相談にのってもらったりする時間が多く、相手の知らなかった一面を知る機会も多くあります。そのため、学校生活がより楽しくなります。

この子どもの村は、全国に四ヵ所とイギリスに一ヵ所あります。

和歌山県にあるきのくに子どもの村小・中学校と国際高等専修学校、

福岡県にある北九州子どもの村小・中学校、

山梨県にある南アルプス子どもの村小・中学校、

イギリスにあるキルクハニティ子どもの村、

そして、福井県勝山市にあるかつやま子どもの村小・中学校に私たちは通っています。日本で初めて、公立学校の校舎をつかってできた私立学校です。子どもの村がつかわせてもらう前は、北谷小学校という公立の学校でした。小原、杉山、中野俣の三つの分校をもつ立派な本校でした。しかし、この地域は子どもの数が年々減り続け、最後には六年生の女の子一人になりました。平成九年（一九九七年）の、その子の卒業式は、北谷小学校の閉校式にもなってしまいました。そんな歴史のある校舎を、つかわせてもらっているのです。

勝山市は、すごくたくさんの雪が降ります。とくに学校のある北谷町は、積雪の多い年は三〜四メートルも積もります。そのため、冬は毎朝、雪かきがとても大変です。中学生も、授業の前に雪かきをする日が少なくありません。

そんな変わった学校にある、変わったクラス「子どもの村アカデミー」が、この二年間かけてとりくんできた活動は「消えた村」の研究です。北谷小学校には、通う子どもが一人もいなくなりました。また、北谷の中にはなくなってしまった集落もあります。福井県には、ほかにも消えた村がいくつもあります。なぜ村が消えてしまったのかという疑問から出発して、何度も話し合いながら村の歴史や文化について調べてきました。実際、現地に行ってみて自分たちの目で現在の村の姿を見たり、当時住んでいた方にお話を聞かせていただいたりもしました。市内外の図書館や郷土資料館をまわり、資料も集めました。古い資料が多く、わざわざ書庫から出してもらったことも何度もあります。

そして、二年間で私たちが調べたり考えたりした内容をまとめたのがこの本です。「村が消えるとはどういうことか」について私たち中学生がさまざまな視点から考えた本となっています。

かつやま子どもの村中学校　子どもの村アカデミー　長田のっこ、田村志織

もくじ

ふるさとが消えてゆく　増補版への序　1
増補版にあたって――またひとつ村が消えてしまった！　2
変わった学校の変わったクラスの大きな仕事　5
はじめに　7
子どもの村アカデミーとはこんなクラスです　7
かつやま子どもの村小・中学校とはこんな学校です　8
第一章　中野俣の人とくらし――福井県勝山市――　23
1　中野俣集落のくらし　24
村の環境と人口の変化　24
栄えていた時代の産業　27
今とは違う子どもたちの生活　28
中野俣分校の教師　34
学校のようす　35

工夫された食文化　37
ことば　38
道具　39
昔からある伝統行事　42
2　中野俣が消えた理由　45
山奥ならではの生活　46
自然災害　48
3　過疎　50
過疎とは何か　50
高度経済成長　52
エネルギー革命　54
4　中野俣について考える　55
過疎問題　56
過疎化を止めるには　56
村の問題とさまざまな立場　57
第二章　横倉の人とくらし—福井県勝山市—　59
1　横倉の栄えた頃　60

横倉とは　60
栄えた時代の仕事や生活　61
学校と子どもたちのようす　64
2　村がなくなった原因　66
村から人がいなくなる　66
表層雪崩　67
「あわ」の被害　69
雪崩を体験した人のことば　71
村を去る決意　73
三八豪雪　74
3　その後の横倉　79
慰霊碑と神社　79
村が消えても交流する住民たち　80
4　横倉について考える　81
第三章　西谷村の人とくらし―福井県大野郡―　85
1　西谷村の集落　86
2　くらし　88

生活を支えた仕事　89
町と村をつなぐ道　95
民家からはじまった学校　96
今とは違う食生活　98
受け継がれる伝統　100
3　廃村　107
村を去っていく人たち　107
自然災害と村のくらし　111
歴史を変えた風水害　113
ダム建設　121
離村後　127
4　その後　128
石にしてのこした村への思い　128
帰りたくなるふるさと　130
5　西谷村について考える　131
第四章　日本各地の消えた村　137
1　徳山村の人とくらし（岐阜県揖斐郡）　138

村の歴史　138
くらし　139
ダム　141
村が沈むときの思い　143
2　脇ヶ畑村の人とくらし（滋賀県犬上郡）　143
保月（ほうづき）　144
杉（すぎ）　145
五僧（ごそう）　145
村が消えた理由　146
3　東ノ川の人とくらし（奈良県吉野郡）　147
交通　148
産業とくらし　149
廃村となった理由　151
ダム　151
4　廃村になった村の共通点と相違点　152
第五章　私たちが考える消えた村　155
1　村が消える原因　156

仕事　156
自然災害　157
ダム建設　157
町に出るのもひと苦労　158
貧しさ　158
現代の村が消える原因　159

2　村はのこすべきか　159
日本産のものが少なくなる　160
文化が失われる　161
豊かな山や林が減る　161
ふるさとがなくなる（住民の気持ちの問題）　162
村をのこす必要はないという意見　162

3　過疎化は止められるのか　163
過疎化を止めるとりくみ　163
行政による過疎対策　168
人々の心の問題　173

4　結論――消える村から何を学ぶか――　174

第六章　杉山の人とくらし―福井県大野郡―　181
1　恐竜の里、杉山　182
2　杉山のくらし　184
人口の変化と村の生活　184
杉山の食文化　188
交通　190
畑・田んぼの仕事　192
わら仕事　192
炭焼き　193
養蚕　194
3　杉山の子どもたち　195
北谷小学校と杉山分校　196
子どもの生活　198
学校の授業　200
学校行事　201
子どもの遊び　202
子どもの手伝い　203

4　杉山の伝統行事　204
お七夜　204
正月行事　206
どたん祭り　206
夏祭り　206
報恩講　207

5　杉山の冬　208
三八豪雪　209
五六豪雪　210
福井豪雪（平成三〇年豪雪）　212

6　杉山に人が住まなくなった原因　213
住まなくなった四つの原因　213
杉山の今　217

7　なぜ杉山は消えたのか　220
〈杉山〉　221
〈和泉村〉　222
〈三尾野出作町〉　223
〈桃原〉　224

高度経済成長による日本の産業の変化　227
子どもの進学率と学歴社会　230
人々のくらしの変化と豪雪や交通のかかわり　231

8　村をどうしていくべきか　233
小原のＥＣＯプロジェクト　235
杉山再生への提案　240

おわりに　246
参考文献一覧　248

第一章

中野俣の人とくらし

―福井県勝山市―

中野俣と現在の福井県

中野俣の風景
ふるさと・中野俣編集委員会『ふるさと・中野俣』（昭和62年12月）より転載

1　中野俣集落のくらし

村の環境と人口の変化

私たちの学校、「かつやま子どもの村中学校」は、福井県の勝山市にあります。勝山市の中でも、石川県との県境にある北谷町というところです。ここは昔は北谷村という名前でした。

その村には、「中野俣（なかのまた）」という集落がありました。しかし、この中野俣はもうありません。消えてしまったのです。今から約六〇年前、北谷村には中野俣、中尾（なかお）、北六呂師（きたろくろし）、河合（こうごう）、木根橋（きねはし）、小原（おはら）、谷（たに）、杉山（すぎやま）の八集落がありました。北谷町となった現在は、中野俣を除いた七集落があります。

自分たちの学校のすぐそばに消えた集落があるというのに、興味が湧かないわけがありません。そこで、二年前の四月にクラスで話し合った結果、全員一致でまずこの中野俣集落について調べることになりました。

北谷には、いつ頃から人が生活していたのでしょうか。北谷の近くにある村岡町の遺跡からは縄文土器の破片が見つかっています。そのため、実際に人が住んでいたのかはわかりませんが、北谷も縄文時代の人々の行動範囲だったのではないかといわれています。

明治四年（一八七一年）に、日本は藩制度から現在と同じ県制度に変わりました。一時期、現在の福井県は、「敦賀県」にまとめられていました。その当時、北谷村はまだできておらず、のちに北谷村となる中野俣、中尾、北六呂師、河合、木根橋、小原、谷、杉山の八集落も別々の区域（村）に分けられていました。しかし、明治二二年（一八八九年）の町村制により、八

お互いに調べものを発表し，話し合って今後の活動を決めます

何十年も前の古い文献も参考にしました

集落が一つの村にまとめられ、大野郡北谷村ができました。この八集落が一つの村になったのは、戦国時代からかかわりが深く、集落同士の仲がよかったからだといいます。

この北谷村は町の中心から離れた山奥にありました。昔から冬には多くの雪が降り積もりました。そのため、山奥ならではの苦労もたくさんあったといいます。しかし、北谷村には都会にはない、よいところがたくさんあります。自然が豊かで空気もきれい、動物もたくさんいます。『ふるさと・中野俣』（ふるさと・中野俣編集委員会、昭和六二年十二月一日）など、かつて住んでいた人たちによって書かれた本を読むと、人々の楽しかった思い出が伝わってきました。厳しい自然や生活の苦労などより、楽しかった思い出のほうが多く紹介されています。

村は、多くの住民にとってとても幸せな環境だったのだと感じました。北谷村は明治四四年（一九一一年）には人口三六〇〇人を超え、村でもっとも人口の多い谷集落では一二八一人もの人が住んでいました。しかし、栄えていたときとは大きく変わり、現在では北谷の人口は全集落を合わせても三〇〇人を下回っています。谷集落では、一六人しか住んでいません。そして、八つの集落の一つ、中野俣にはだれも住んでいません。

あれほど自然が豊かで村民も中野俣が好きだったはずなのに、なぜ消えてしまったのでしょうか。

栄えていた時代の産業

今はもうない中野俣で、人々はどんなくらしをしていたのでしょうか。

村が活発だった明治時代、中野俣には炭焼きや養蚕《ようさん》、稲作、わら仕事などの産業がありました。「製炭業」つまり炭焼きは、明治から昭和三〇年（一九五五年）代まで、北谷の大切な収入源でした。炭にする木を切ったり、炭焼き窯《がま》に木をつめたりする重労働です。中野俣集落では農閑期《のうかんき》におこなわれていたそうです。昭和初期は村の近くに炭にする木が少なかったため、山を越えて十キロメートル以上も離れた石川県まで行ったそうです。

養蚕も、明治から昭和初期にかけて、北谷のおもな産業でした。蚕を飼い、繭《まゆ》を取って売る仕事です。中心になっていたのは女性でした。ただし、専業とする農家はなかったそうです。昭和になると養蚕農家はだんだん減り続けて、いま北谷で養蚕をしている家はありません。

わら仕事は、その名の通りわらをつかって製品をつくる仕事です。できあがる製品によって、わらのどの部分をつかうかが違っていました。わら仕事は、男性が受け持っていましたが、俵やむしろ編みなどは女性も手伝ったそうです。夜が長い冬は、「手が凍るぐらい寒い中で仕事をした」といいます。わら仕事がさかんにおこなわれたのは、昭和三〇年（一九五五年）頃までです。

冬になると、若い人たちは都会に出稼ぎに行きました。また、小さな村特有の「結《ゆい》」という興味深い仕組みもありました。稲作など数人ではできない仕事を、お互い助け合うシステムのことです。このような助け合いのシステムは、今では薄れてしまっています。

今とは違う子どもたちの生活

〈手伝いと仕事〉

現在、私たちは、義務教育のおかげで少なくとも九年間は学校に行けます。しかし、昭和二一年（一九四六年）の学制改革により現在の義務教育の制度ができあがるまでは、四～八年間でした。また、昭和のはじめまでは、学校に行かない子どもも少なくなかったといいます。家が貧しく働かなくてはならないというのがおもな理由だったようです。

私たちは調べていて疑問を持ちました。かんたんな手伝いならまだしも、小学生が大人と同じような仕事をするなど今では考えられません。

しかし、実際に昔は中野俣を含めた各集落の子どもたちは、当たり前のように仕事をしていました。北谷村では、第二次世界大戦前まで、多くの親は子どもに勉強よりも家の手伝いを優先させました。中野俣では小学四、五年生の女の子でも、自分の背より高い炭を炭窯から何キロメートルも運んだそうです。忙しい時期になると、子どもたちは学校が終わると家に帰らず、親がいる田んぼや畑に直行しました。今は機械があるので、子どもができる田んぼや畑の仕事はほとんどありません。しかし、昔はすべて手仕事だったため、小学生でもできる作業がたくさんありました。

農繁期《のうはんき》の五月末から六月はじめにはどの学校にも一週間ぐらいの休みがありました。戦時中は「農産助成休業」という名称だったようです。今の時代、「勉強より親の手伝いのほうが大事」という家庭は少ないでしょう。しかし、約七〇年前は、農業は家族の協力で成り立っていたのです。

また、農業以外にも生活費を減らすため、都会に丁稚奉公に行かされる子もいたといいます。都会に出たら仕事で成功するまで帰ってくるなと親に厳しくいわれたそうです。家に帰りたくなってしまわないよう、わざと厳しく育てる家も少なくありませんでした。

また、昭和十年（一九三五年）頃までは、高等小学校（現在の中学一～二年生）を卒業する男子の多く、とくに次男、三男などは家業の手伝いのほかに店員、工員見習いなどの職を探しました。女子は工員や、家庭に住み込みで働くお手伝いさんなどの職を求めました。勝山市内の繊維工場や、織物工場に就職する人が多く、寄宿舎生活を送りながら盆暮れには親にお金を渡す人が少なくなかったといいます。

北谷村では、親が子どもの年齢に応じて仕事を割り当てていたそうです。ほとんどの家には子どもが三、四人以上はいたため、小学生の仕事で多かったのは子守でした。小学の五、六年生から高等小学生になるとほかにもたくさんありました。畑仕事、家畜の世話、雪かき、わら仕事、炭・薪運び、ごはんの準備、水汲みなどです。

このようにたくさんの仕事をこなす子どもたちは、素直で辛抱強く、働き者だと都会の就職先の人にも認められたといいます。そのため、東北や北陸の農山村の子どもが一目おかれていた時期もあったそうです。

今の子どもは、ゲームをしたり本やマンガを読んだりする時間が多いと思いますが、昔の子どもは家の手伝いや仕事をして、とても苦労をしていたのです。しかし、手伝いや仕事のおかげで、ものごとを進める段取りや道具のつかい方、修理の仕方、根気強さといった生きる能力を身につけることができたのではないでしょうか。とてもたいへんだったと思いますが、きっと苦労だけではなかったはずです。

〈遊び〉

北谷村の子どもたちは、仕事や手伝いばかりしていたわけではありません。今の子どもと同じように遊ぶのが大好きでした。今でもかくれんぼや、鬼ごっこなどをしている子どもはたくさんいます。けれども、昔の子どもたちは今よりも遊びの知恵が豊富でした。昔の北谷の遊びを、現在と比べながら紹介しましょう。

・生き物や動物をつかった遊び

男の子…メダカとり、ヘコタ釣り、イワナつかみ、スズメとり、虫とり、ホタルがり、トンボとり、オタマジャクシとり、ヘビたいじ、ウサギのわなかけ、セミとり、ハチの巣とり。

私たちには遊びとは思えない「ヘビたいじ」や、「ハチの巣とり」なども当時は遊びでした。女の子も、ネコと遊んだり、ホタルをとったりして遊びました。

・豊かな自然をつかった遊び

男の子…木のぼり、カキ拾い・クリ拾い、遠出（探検）、木の実拾い、ずぼみ（桑の実）とり、きのことり、キイチゴとり、アケビとり、草わな、草笛《くさぶえ》、川で石なげなど。

女の子…花つみ、花輪つくり、木の実拾い、草の綱引き、桜の木のやにとり、ほうずきならし、草つみ、草苗、ささぶね、山草とり、ススキの水車など。

都会ではできない、村だからこそできる遊びです。

・雪をつかった遊び

北谷では雪がたくさん降ります。雪国ならではの遊びもたくさんありました。

男の子と女の子…スキー、そり遊び、雪合戦、雪だるま、雪のトンネルなど。

これらは、今でも遊びつがれています。

・現代の日本ではあまり親しまれない遊び

男の子と女の子…タガまわし（タルを転がす）、一六むさし、ささぶね、じゅずだま、天狗のはな、くぎさし、箱にわ、日光写真、豆カメラ、めんこ、竹とんぼ、まりつきなど。

・現代の日本でも親しまれている遊び

男の子…チャンバラ、なわとび、かくれんぼ、きもだめし、走りっこ、リレー、鬼ごっこ、たこあげ、シャボン玉、三角ベース、かるた、砂遊び、すもう、うでずもう、ぶらんこ、将棋、ドッジボール、綱引き、すごろく、ごっこ遊び。

しかし、これらの遊びはどんどん減っています。

女の子…ままごと、かるた、すごろく、砂遊び、お手玉、あやとり、おはじき、人形づくり、花いちもんめ、かごめかごめ、セッセッセ（手遊び）、ぶらんこ、手ぬぐい落とし、ネコとネズミ（おいかけっこ）、紙ひこうき、シャボン玉、あみもの、鬼ごっこ、なわとび、じんとり、ドッジボール、ごっこ遊び。

今の子どもが知っている遊びも多くあります。これらの遊びは季節や集落によっても違ったそうです。遊ぶ場所は、たいてい家の前か道路、道場、神社の広場です。川遊びやスキーなどは、友達と一緒に遠出します。また手づくりの遊び道具などもよく工夫したといいます。

・オチリンコ

読者のみなさんは、子どもの頃に一度ぐらいはいたずらや悪いことしたことがあるでしょうか。私たちももちろんしたことがあります。だれでも子ども時代はいたずらをして怒られたり笑ったりして楽しむのだと思います。中野俣の子どもたちもしていました。たとえばオチリンコという遊びです。

雪の降り積もった地面から雪をスコップでくりぬき、三〇センチメートルぐらいの穴をつくります。そして、くりぬいた雪のかたまりを穴に戻します。そのとき、最後まで戻さず、穴の底に隙間をあけておきます。そうすると、上を歩いて踏みつけると、地面がへこんで転んでしまいます。子どもたちはこれを冬の雪道の真中につくり、何も知らない人が来たら急いで近くに隠れて、その人が穴に落ちたら笑いながら逃げるのです。落とし穴と似ていますが、雪を生かした遊びです。

中野俣分校の教師

中野俣は、多いときでも人口が三〇〇人ほどの小さな村でした。そのため、学校の教師たちは村の外からやってきていました。私たちは、新任教諭時代を中野俣で過ごした多田治周さんに当時のようすを話していただきました。

多田さんによると、教師はみんな村の家に下宿していたといいます。そのため、どの教師も村の人と家族のように生活を送っていたそうです。当時の食事は質素で、下宿先でカレーライスが出てくると、肉が入っていなくてもご馳走でした。たまに、サバのかんづめが入っていたそうです。

当時は、村外からの送電線がなく、学校の近くを流れる川を利用して、小さな発電所で電気をつくっていました。この電気で各家に一、二個ぐらいの電灯とランプに明かりがつきました。学校にも数個

中野俣分校と子どもたち
ふるさと・中野俣編集委員会『ふるさと・中野俣』（昭和62年12月）より転載

あったそうです。

夜になると大人たちは明かりの下で麻雀をするのが楽しみだったといいます。将棋と違い、麻雀は四人で遊べるので人気がありました。ふだんは先生と下宿先の夫婦とでしたそうです。しかし、人数が足りないときは無理やり若者に麻雀を教えこんで一緒にしました。冬は、ときどき小さな発電所の水が流れている溝に雪がつまり電気が消えました。それを直しに行くのが若い人の役目で、多田さんはいつも行ったそうです。秋も、落ち葉がつまり、たびたび電気が消えるなどして、苦労が多かったといいます。

学校のようす

中野俣の学校は、河合（こうごう）にある北谷小中学校の分校でした。当時はほかにも杉山や小原にも分校がありました。

この三つの分校は、卒業式や運動会があると本校に集まって一緒に活動しました。運動会のときは分校から歩いて山を越えました。弱音をはいたり文句をいったりする子どもはいなかったといいます。ただ、本校に着いたらすぐに会がはじまり、分校の子どもたちは競技の前にすでに疲れていたそうです。

中野俣分校では、学校の近くの山で、小学生から中学生が学年ごとにグループに分かれて目標を決めて、フキとりをしていました。フキはつくだ煮屋さんが買ってくれました。フキを売ったお金は学級の予算などにつかわれたそうです。

低学年のグループがフキとりをしていたらクマが出てきて、みんなとったフキを放り投げて急いで逃げ帰ったという出来事もあったそうです。

さらにこんなエピソードもあります。学校では祝いごとがあると、隣にある道場で宴会をしました。道場というのは農村の各集落にある末寺のような建物ですが、そのほかにも話し合いなどにつかわれていました。あるとき、多田さんは、授業中にもかかわらず呼び出され、子どもたちに自習をさせて行ったそうです。まだ若かった新米教師の多田さんは、お酒の飲み方も知らないまま湯のみ茶碗でお酒を飲まされました。あまりお酒を飲んだことがなかったため、すぐに酔っぱらい、校舎の玄関前まで戻ったところで寝てしまいました。そこを通った自習を終えた子どもたちに笑われたそうです。

ふだん、子どもたちは、道場の近くの運動場で遊びました。その運動場の端は崖になっているので、ソフトボールをしているといつも場外ホームランになって球拾いがたいへんだったそうです。

当時の子どもたちの楽しみの一つに映画会がありました。公民館の人がフィルムと映写機を持っていて、学校で見たそうです。村の人たちも見に来ました。電圧がたりないため、みんな映画を見るために家の電灯を消してきたそうです。

中野俣分校でもっとも児童数が多かったのは、大正九年（一九二〇年）の男子三四人、女子三一人、合計六五人です。学年ごとではなく、低学年と高学年に一人ずつの担任の先生がいました。しかし、昭和三六年（一九六一年）頃から、村を離れ都会に出て行く人がふえはじめ、しょっちゅう送別会があったそうです。

工夫された食文化

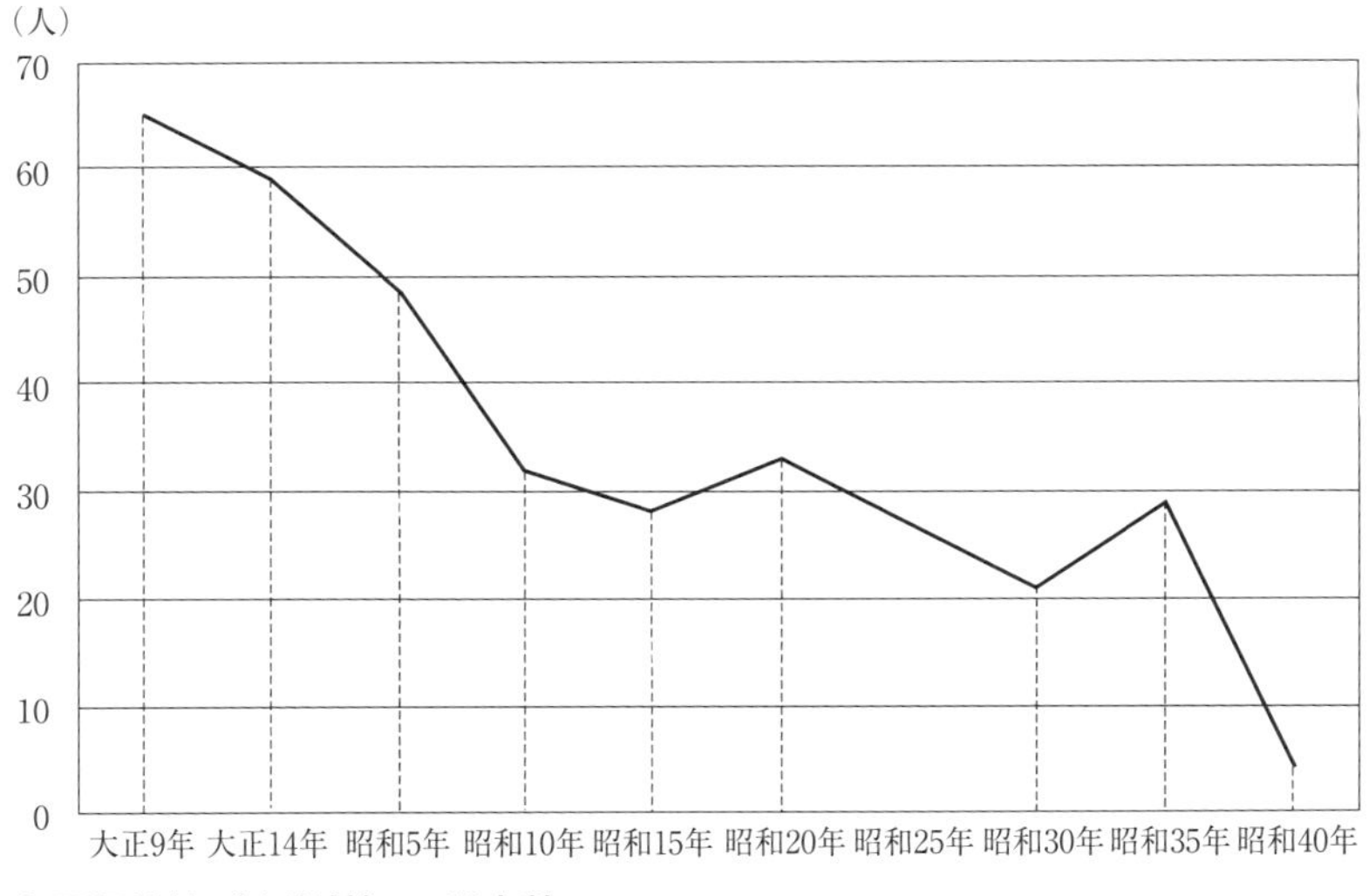

中野俣分校（小学校）の児童数
ふるさと・中野俣編集委員会『ふるさと・中野俣』（昭和62年12月）のデータを元に作成（昭和25年はデータなし）

中野俣では、昔から保存食をつくっていました。十一月の終わり頃になると雪が降りはじめます。そのため、土が消えてしまい野菜がつくれなくなります。今とは違い、食料の多くを自分たちでつくっていた当時は、冬のあいだに食べられる食品をつくって貯蔵しなければなりませんでした。この食品は家によってつくられるものが違いました。ダイコンやハクサイ、らっきょう、梅干などの漬物のほかに、干し柿や栗、ガヤなどの果実類もありました。

そのほか、にしん大根とサバすしも冬の生活に欠かせないものだったそうです。にしん大根というのは、大根とニシンを麹や鷹のつめなどと一緒に漬けるものです。勝山市や隣の大野市ではよくつくられていました。

都会に住んでいる人は、いろいろな食料品店があるので食品に困りません。しかし、中野俣ではそういった便利な店が近くになく、雪がたくさん積もり、孤立してしまうため、食品の貯蔵は人々が生きていくうえで、とても大事なことでした。

ことば

ふだん何気なくつかわれていることばも、都道府県や地域によって異なります。

北谷の各集落でも、日常生活のことばが違います。その中でも、とくに敬語が方言の違いをあらわしているそうです。そのため、中高年同士の会話になると、だれがどの集落の人か見当がついたといいます。

中野俣の方言

方言	標準語
アマ	女の子
アイヤ	怖い
ゴテ	あなた
コワイ	苦しい
サッサイ	しなさい
ジロ	いろり
クレンジャカ	くれませんか
センチャ	トイレ
デッチ	男の子
ゾウシャヤッタ	ごちそうさまでした
ナンナサン，ナンナハン	仏様
ママ	ごはん

昭和のはじめまでつかわれていた他家を訪ねたときの玄関先での第一声（あいさつ）を紹介します。

オイデネンスカ（中尾、北六呂師）
オイデネンスカ、ゴメンネンセ（杉山）
オイデネンスカノウ（中野俣）
ゴザルカ、エナハルカ（河合）
ゴザルカ、ゴザラッシャルカ（木根橋）
エナールカー（小原）
ゴラルカ（谷）

このようにかなり違います。ほかにもたくさんの方言がありました。

道具

中野俣のくらしにつかわれた道具は、名前が少し違うものの、北谷村のほかの集落でつかわれていたものとほとんど同じです。

〈台所の道具〉

昭和十年（一九三五年）代までの主婦の屋内の居場所は、「ながし」と「いろり」でした。「ながし」とは炊事場のことで、今でいうと台所やキッチンです。食器や炊事用具のうち、今ではあまりなじみのない道具をいくつか紹介します。ほとんどが木や竹でできたものです。もちろん、今でもつかわれている道具もあります。

・手塩（小皿・テショ）、水がめ、ひしゃく、そうけ（ざる）、鉄びん、長刀《ながた》、長刀差し、きね、のし板、のし棒、とっくり、石臼、すいのう（ザルのようなもの）、めんぱ（弁当箱）、火吹き竹、付け木、火消壺《ひけしつぼ》。

〈いろりと道具〉

昔はどの家にもいろりがありました。いろりのある部屋には、何かと家族が集まりました。いろりのまわりには、横座、客座、かか座（なべ座）、木じりなどの呼び方があります。人によって座る場所も決まっていました。横座は父親、客座は来客、かか座は母親が座ると決まっています。木じりの脇には、たき木置き場がありました。多くの家で子どもたちはいつも席の取り合いをしたそうです。火の側は危ないので、小さい子は大人の膝に抱きかかえられていました。子どもは火の用心のしかたについては厳しくしつけられ、就寝前の火の始末は主婦（嫁）の仕事でした。
いろりの燃えがらは、火消壺に入れて「消し炭」をつくります。

いろりのまわりだけでも、必要な道具はたくさんあります。
・自在かぎ（いろりの鍋の高さを調節する道具）、マッチ箱、火吹き竹、火箸、十能（炭火をいれて持ち運ぶ道具）、渡し金（餅や魚を焼く道具）、鍋しき、五徳（やかんなどを置くための道具）。

今の時代、いろりのある家はほとんどありません。そのため、昔ながらの道具を知る人が少なくなっていると思います。

〈仕事道具〉

現在は、稲作の作業に機械が欠かせません。しかし、昭和三〇年（一九五五年）頃までの水田稲作では、田おこし、荒掻き、そして運搬に馬をつかっていました。田植え、草取り、稲刈り、稲抜きなどはすべて手仕事でした。そんな北谷村でつかっていた農具の一部を紹介します。
・たくさんの種類のくわ、つるはし、草刈り鎌、砥石《といし》、砥石入れ、かご、縄、馬の鞍（馬に人や物を乗せる道具）、馬鍬（牛や馬にひかせて土をならす道具、マンガと呼ばれていた）、馬の引き綱、馬わらじ、田植え枠、苗かご、てんびん棒、担い棒、除草用手押し車、泥虫とり網、飼い葉切り、わらかち石、木づち、縄ない機、足踏み稲抜き機、かち臼、俵、一斗ます、斗棒、五合ます、一合ます、むしろ叩き棒、豆叩き棒などなど。

ほかにもそうとうな数があります。それに、仕事は農業だけではありません。養蚕でつかう道具も、山林の仕事でつかう道具もありました。

生活道具や仕事道具のすべてがどの家にもあったわけではありません。家によって仕事が違うからです。さらに、集落によって道具の名前が違いました。

昔からある伝統行事

娯楽が少なかった当時、祭りは村民の大きな楽しみでした。村を出て行った人も、祭りのときには帰ってきたそうです。

〈左義長祭り〉

ほかの多くの村と同じように、中野俣にも祭りや行事がありました。中でも大きな祭りが左義長《さぎっちょ》祭りです。農民の無病息災を祈る火祭りとして大切な行事でした。さらに、春の訪れを知らせる祭りでもありました。

中野俣の左義長は、とくに午後七時頃からはじまる「どんど焼き」がもり上がりました。「どんど焼き」はたくさんの松の木や、わらにいっせいに火をつけます。このどんど焼きには大人も子どもも大喜びで、持ってきた餅などを火の中へ入れて焼いて食べたそうです。無病息災のほかにも一年の五穀豊穣も祈ったといいます。

左義長祭りは北谷だけではなく、ほかの村や福井県外でもおこなわれています。どの祭りも似ているものの、名前や内容が違います。

〈秋祭り〉

九月の十六、十七、十八、十九日の四日間は秋祭りという行事がありました。都会に行った人たちも帰ってきて、にぎやかな祭りだったそうです。

ナシや菓子などたくさんの食べ物を仕入れて、店を出しました。着物を着て祭りを楽しんだ人もいました。この祭りのとき、神社では、年に一、二回ぐらいしか開けない守神様の扉を開き、神酒《おみき》を供えてその年の豊作に対するお礼の儀式をしました。

さらに、この四日間は若者の恋のときでもありました。この秋祭りで多くの恋人たちが誕生し、結婚した人も多かったそうです。こんなこともあり、秋祭りは多くの村人たちにとって忘れられない思い出だそうです。

〈力じまん広場〉

力じまん広場は、町から来たり、仕事から帰ってきたりしたときに通る十字路にありました。この十字路は、ちょっとした打ち合わせをしたり、若い人たちが集まったり、村の集会につかわれたりした場所でもありました。そのため、いつもにぎやかだったそうです。

そして、この十字路には丸い石が三つありました。三つの石は重さが少しずつ違いました。この石を持ち上げるために若者たちが十字路に集まりました。丸い軽めの石は次々と持ち上げられましたが、三つの中でいちばん重い石は、なかなか持ち上がらなかったそうです。こんなことを毎日のようにしていたので、にぎやかで楽しい十字路を、いつの間にか村の人たちは、「力じまん広場」と呼ぶようになりました。

〈精進日〉

中野俣では、家族の人が亡くなった日を精進日《しょうじんび》といいました。この日は、魚や肉類はいっさい食べてはならず、山でとれた山菜、田や畑でとれた穀物や野菜を食べたそうです。何代も続いた家では、ひいおじいさん、ひいおばあさん、おじいさん、おばあさんなど、精進日が何日もあって、とてもたいへんだったそうです。それでも、ご先祖様を大切にするための、とても重要な行事だったのだと思います。

〈お七夜と報恩講〉

浄土真宗を開いた親鸞《しんらん》が弘長二年（一二六二年）の十一月二一日に病気になり、二八日に九〇歳で亡くなりました。この八日七夜を、「お七夜」または「報恩講」といいます。集落によっては「七日っつあん」ともいいました。

中野俣では、約一ヵ月遅れの十二月二七日から二八日の夜にかけておこなわれました。お七夜が近くなってくると、村の人々が準備に取りかかります。仏具を磨く、かざり花をつくる、かざりつけをするなどの準備です。

夜の七時頃に村の人たちが道場に集まり、お経を何回もあげ、一晩を過ごしました。大切な行事なのですが、子どもたちはむしろその後のお粥《かゆ》を楽しみにしていたそうです。何杯もおかわりしたそうです。そのため、子どもにとっては楽しい行事でもありました。

二七日の夜は終夜祈願のお通夜なので、道場で夜明けをむかえました。この日は子どもも大人と一緒に寝ずに起きていてもよいことになっていました。夜が遅くなってきたら子どもたちは大人たちが話す怖い話を聞くなどして、過ごしたそうです。

2　中野俣が消えた理由

これまで見てきたように、中野俣は小さな集落ながらも、独自の文化があり、とても栄えていまし

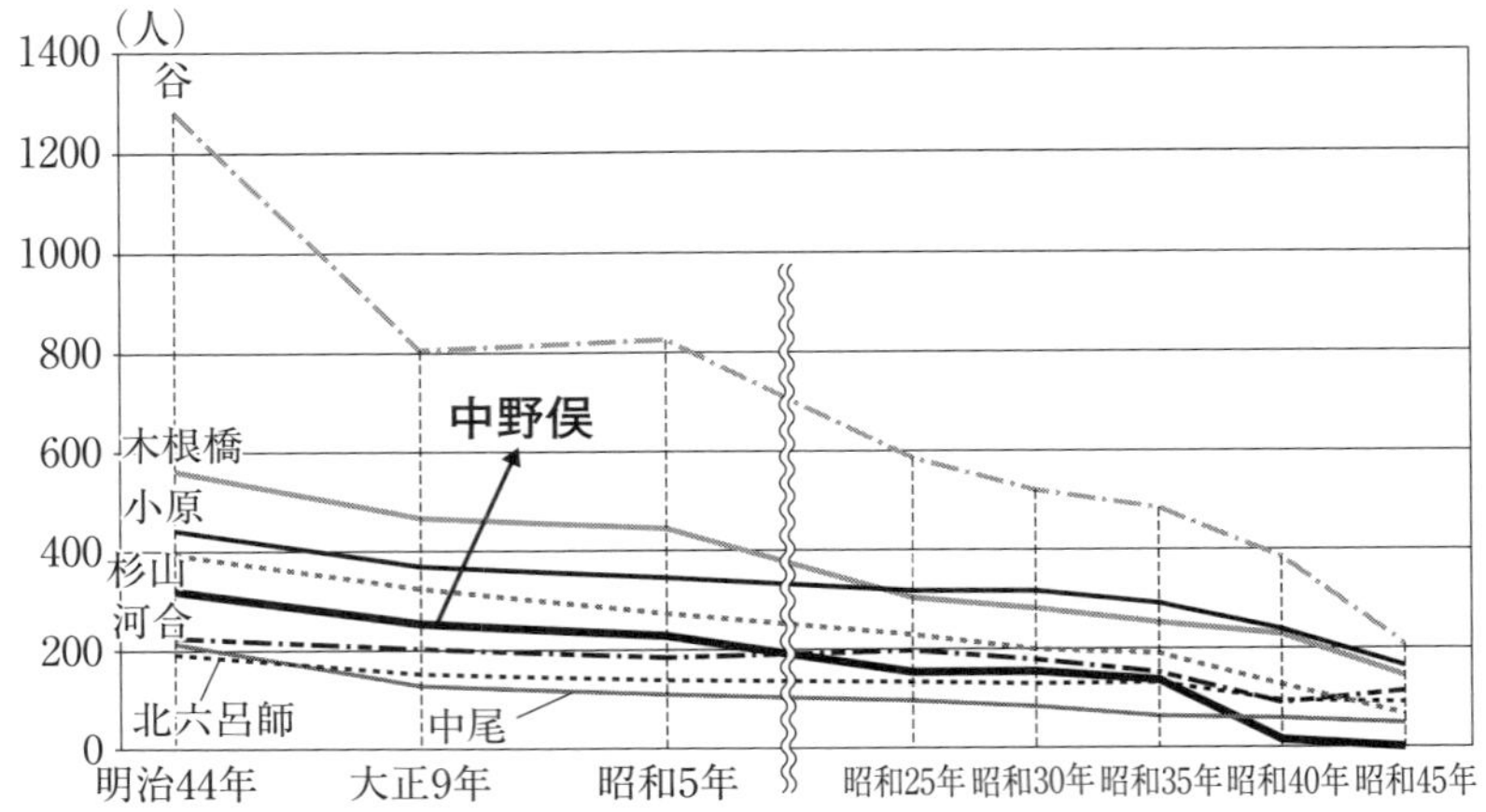

北谷村の人口
高瀬重雄『勝山市史　第１巻　風土と歴史』勝山市（昭和49年９月）のデータを元に作成

た。しかし、若い人たちが都会に出るようになり、次第に人口が減っていきました。お話を聞かせていただいた多田治周さんも、毎年のように下宿先が変わったそうです。

中野俣を含めた各集落の人口のグラフをごらんください。

人口の変化は一目瞭然です。なぜ人々は村を出て行ったのでしょうか。そして、なぜ中野俣は消えてしまったのでしょうか。

山奥ならではの生活

中野俣には山奥ならではのたいへんなくらしがありました。このくらしの不便さも、人々が村を出て行ってしまった原因なのではないかと私たちは考えました。中野俣は道が悪く、町まで出るのに時間がかかりました。さらに、便利な機械もありませんでした。今ではほとんど機械でおこなわれる田んぼや畑の作業はすべて手作業でした。

トイレやお風呂には囲いもありませんし、食事も豪華なものではなかったといいます。電気が充分になく、小さなカンテラの灯りをつかっていました。

そうした山奥ならではの生活について、中野俣で暮らした落合敏子さんは「それでもよかった」と懐かしそうに話してくれました。

「自然も豊かで鳥の鳴き声も聞こえるし、空気もきれいで、中野俣で一生暮らすつもりだった。東京で暮らしてみたけど、空気も悪いし、暮らすのが辛かった。中野俣の食事は豪華ではないけれど、そのごはんが食べたい。今でも中野俣の景色が見たくて夢にまで見る。」

しかし、不便なくらしに苦労して村を出たいと思う人もたくさんいたといいます。実際に、落合さんがいくら反対しても家族の方々は「村を出る」といって聞かなかったそうです。そして、落合さんもしぶしぶ村を出ることになりました。

中野俣は、廃村になる少し前に道がきれいになったり電気が通ったりと、便利になりました。それでも、人口は減る一方でした。

なぜ便利になったのにみんな村を出て行ってしまったのでしょうか。このことについて多田さんは、「便利になれば村がさかんになったりするものじゃない。新しくできた道は村を出て行くためにつくられた道だ。村を破壊するためにつくられたように思う。もっと早く便利にしてほしかった」といわれました。道が悪く電気もあまりつかえず、村民が村を離れる状態になってしまってから道ができても、村に留まる人はいませんでした。便利になるのが遅すぎたのです。

自然災害

中野俣はもともと雪が多い地域でした。とくに昭和三八年（一九六三年）に起きた豪雪によって大きな被害にあいました。村は孤立状態になり、食料が減り、電柱が倒れたり、用水がつまったり、休校になったりなどの被害を受けました。いちばん多いときには、積雪量が五一五センチメートルに達しました。建物の出入りは二階の窓からおこなったそうです。

当時、中野俣分校に勤めていた楠野隆盛先生が豪雪のときのようすを日記に記しています。積雪五一〇センチを記録した日の除雪作業のようすを「道場の雪下ろし、顔も疲労の色、言葉もとげとげしい。連日連夜の除雪に疲れきっている」と書

三八豪雪にうもれる中野俣分校
ふるさと・中野俣編集委員会『ふるさと・中野俣』（昭和62年12月）より転載

いています。毎日重労働の除雪をしなくてはならないことも、住民が村を出て行ってしまう理由の一つになったのではないでしょうか。

こんなエピソードもあります。二月六日、中野俣から出られなくなった人たちは、村中総出で集まりました。この日はヘリコプターが救援物資を投下してくれる予定だったからです。村人たちは、杉枝で「アリガトウ」と大きな字を書いて待っていたそうです。夕方近くになると谷間にヘリコプターの姿が見え「ワアッ」と大きな歓声が上がりました。しかし、ヘリコプターはそのまま帰ってしまいました。この日は天候が悪く視界がきかなかったためでした。

孤立状態の中で、もっとも心配されたのは病人やけが人です。約一ヵ月近く閉じ込められており、その間は病院に行けない状態でした。幸い病人やけが人などはいなかったそうですが、もしいたらパニックになったり揉めごとになったりして、二次災害が起きる可能性がありました。

このように、たいへんなくらしや厳しい自然の結果、中野俣からは少しずつ人口が減っていったのだと私たちは考えました。一般にはこのような現象を「過疎」と呼んでいます。

四六ページの人口グラフを見るとわかるように、明治四四年（一九一一年）頃から離村する人がふえはじめています。昭和三八年（一九六三年）の豪雪の後、さらに離村者がふえました。勝山市内より、関西方面に行く人が多く、京都や大阪など仕事の多いところに移り住んだそうです。

3　過疎

過疎とは何か

　私たちは消えた村について話し合うとき「過疎」ということばを、たくさんつかってきました。そして、この本でもたくさんつかっています。しかし、話し合ったり調べたりしているうちに、私たちは過疎について、はっきりとわかっていないことに気がつきました。そこで、「過疎」とはいったいなんなのかを調べて、考えてみました。

〈ことばの意味〉

「過疎」は「ただ人口が減ること」ではありません。人口が減ったことによって、産業が衰

村跡にある望郷の石碑に花が添えられていました

退し、町・村の生活が困難になる状態のことをいいます。県庁所在地などの大きな町から遠く離れていて、交通が不便な山奥や離島などが過疎になりやすいようです。

そして、「過疎化」は、過疎の状態が進行すること以外にも、過疎になりつつある状況を意味する場合もあります。

「過疎対策」は、過疎化が進んでいる地域の自然環境、伝統文化などを生かした地域をつくり、人口がこれ以上減ってしまわないようにするためのものです。

〈過疎地域〉

過疎地域とは、その名の通り過疎になっている地域のことですが、「過疎地域自立促進特別措置法」という法律で次のように定義されています。

◇三五年間の人口減少率が三〇パーセント以上の地域。

◇人口減少率が三〇パーセント以下でも、高齢者（六五歳以上）の割合が多く、若い人（十五歳以上三〇歳未満）の割合が少ない地域。

◇人口の減少以外に、財政についても決められています。三年間の財政力指数が〇・四二以下の地域などです。財政力指数とは、村が必要なお金に対して収入額が足りているかを判断するためのものです。財政力指数が〇・四二以下ということは、必要なお金に対し収入額が極端に不足しています。

ほかにも複雑な規定がいくつかあります。これらの条件に当てはまらなければ、過疎地域とはいえません。けれども、この条件に当てはまらなくても過疎化が進み、生活に支障が出ている地域はたくさんあると思います。

現在、北谷町の小原や谷などの集落の状況を見ると間違いなく過疎地域のように思われます。しかし、人口の減少率も財政力指数もどちらも過疎地指定の基準に当てはまっていないため、法律上は過疎地域ではないのです。このような地域は、国による「過疎対策」はしてもらえません。

そのため、「限界集落」ということばもあります。これは、大野晃という社会学者が、「過疎」ということばでは状況を上手くあらわせない集落のためにつくった用語です。

〈過疎の流れ〉

過疎問題は、昭和三〇年（一九五五年）代からふえました。日本が経済的に成長したとされる時期です。そして、この昭和三〇年代以降、現在まで進行し続けています。

最初のうちは、交通が不便な村の人口が急激に減っていきました。けれども、現在では急激にというよりも、ゆっくりと、じわじわと過疎化が進んでいます。その理由は、今では、過疎化が進んだ山村にはもう若者が住んでおらず、高齢者が多いためだと私たちは考えました。

高度経済成長

一九五〇年（昭和二五年）代後半から日本は高度経済成長を遂げました。高度経済成長というのは、その名の通り、日本の経済が急激によくなることです。

〈神武景気（一九五五〜五七年）〉

これは、朝鮮戦争（一九五〇〜一九五三年）によって起きた好景気です。朝鮮戦争に参戦していたアメリカ軍の、物資の支援や、壊れた戦車や戦闘機の修理などを日本が引き受けたため、日本の景気がよくなりました。

〈岩戸景気（一九五八〜六一年）〉

工業の発展や設備投資に多くのお金がつかわれたことがもたらした好景気です。神武景気に勝る好景気といわれています。この頃からスーパーマーケットなどの大型店舗ができはじめました。

〈オリンピック景気（一九六三〜六四年）〉

オリンピックの準備のために高速道路や新幹線が整備され、旅行をする人もふえました。さらに、オリンピックを見るためにテレビを買う人、オリンピックを見に行く人がたくさんいたのが好景気の理由です。その名のとおり、オリンピックによる好景気です。

〈いざなぎ景気（一九六六〜七一年）〉

生活水準の向上によって起こった好景気です。マイカー（Car）、カラーテレビ（Color TV）、クーラー（Cooler）が普及し、生活必需品の３Ｃとして浸透しました。

このような好景気を通して経済が急成長した結果、家庭電化製品や自動車などを生産する機械製造業、合成ゴム・プラスチック・合成繊維など新素材を生産する石油化学工業などが発展して重化学工業化が進みました。その影響で昭和四三年（一九六八年）にはＧＮＰ（国民総生産）がアメリカに次ぐ、世界第二位となりました。

エネルギー革命

重化学工業化が大きく進展した結果、「エネルギー革命」が起こりました。エネルギー革命とは、それまで燃料の主役だった石炭から石油や天然ガスに転換されたことをいいます。

高度経済成長によって生活は便利になり、国民も豊かになりました。この時期になると外国からの輸入もふえました。その結果、木材、穀物などの食べ物、石油などの新たな燃料が輸入されるようになりました。そのため、農山村でつくられる木材、穀物などは売れなくなり、今まで家庭燃料の主役だった木炭も石油に変わりました。

この影響で、中野俣のように多くの住民が林業をおこなっていた村では、仕事がなくなってしまうという事態が起きたのです。仕事がなくなれば生活することができません。そのため、多くの村民たちは故郷を捨て、仕事のある町へ移住していきました。こうして、全国的に、過疎問題が広がりました。高度経済成長は、けっしてよいことばかりではなかったのです。

4 中野俣について考える

消えてしまった中野俣について調べるにあたって、北谷町内の村々に、実際に行ってみました。

廃村となった村や、数人しか住んでいない村に行ってみると、きれいな景色があり、あたたかい雰囲気が感じられ、とても素敵な場所でした。現地に行く前にも、資料を読んだり、当時の話を聞いたりして調べ、考えました。しかし、それではその場所の雰囲気まではわかりません。足を運んでみてはじめて「とてもいいところだな」とか「こんな建物もあったのか！」と感じたり発見したりできました。

中野俣の跡地に行ったときも、想像していたのとはまったく違い、とてもあたたかい気持ちになれるところでした。それまでも「村が消えるのはよくない」と思っていましたが、中野俣に行ってみて、どうすれば中野俣は消えないですんだのかなど、さらに考えるようになりました。

過疎問題

中野俣が消えた大きな原因は「過疎」だと考えられますが、この過疎は日本各地でたくさん起きています。総務省自治行政局過疎対策室が発行した平成二三年度版『過疎対策の現況』によると、平成二二年（二〇一〇年）度の集落状況調査で、過疎地域などの六万四九五四集落のうち、六五歳以上の高齢者の割合が五〇パーセント以上の地域は九五一六集落もあります。さらに、そのうち四五四集落が今後一〇年以内に廃村になるおそれがあります。また、二三四二集落がいずれ廃村になるおそれがあると予測されています。

この深刻な過疎問題は「中野俣が消えてしまった原因の一つ」にとどまるのではなく、これからもいろんな村が消えてしまう原因となるのです。はやく問題の根本を解決しなければ、たくさんの村が消えてしまいます。

過疎化を止めるには

先にも述べたように、現在、国は、過疎対策のために「過疎地域自立促進特別措置法」

現在の北谷のようすを見て回りました

を定めています。これは、過疎地域の社会福祉向上や自立促進などを目的としたものです。しかし、過疎地域には法律上の定義があり、それに当てはまらない村や町はこの過疎対策をしてもらえません。

私たちは、それで本当に解決するのか疑問に思いました。過疎になって、村が消えそうになってからでは遅いのではないでしょうか。中野俣の場合がそうでした。過疎化がはじまったら、すぐに対策をはじめなければいけないと思います。あるいは、予測ができるなら過疎化がはじまる前から対策をはじめられないのでしょうか。もっと「過疎対策」に当てはまる村を多くしてほしいと思いました。

また、私たちは、村がなくならないためには「若い人が村を離れてはいけない」と思いました。子どもの声や若い人の姿を見るだけでも、高齢者の人たちの刺激になり、活気のある村になるのではないかと思ったからです。逆に若い人たちが出て行ってしまうと、村に元気がなくなってしまいます。

前項で見たように、高度経済成長によって産業が変わり、林業など、村の大事な仕事がなくなっていきました。それが、若い人が村を離れる原因の一つだと思います。

山奥で、雪も降る地域なので、若い人たちの目にとまるような仕事はないかもしれません。けれども、若い人にとって魅力を感じる仕事を考え出せれば、多くの若い人たちは村に住み続けたかもしれません。

村の問題とさまざまな立場

中野俣の過疎問題を通して、過疎化を止める方法を考えてみました。行政による過疎対策を向上させる、若い人が村に住みやすい環境をつくるために魅力的な仕事をふやす、などです。では、それらは本当に実現できるのでしょうか。村の人の視点だけで考えずに、都会に住む人や行政の視点からもこの問題を見てみましょう。

たとえば、村の人の視点で考えれば、援助をたくさんしてほしいと思うかもしれません。しかし、補助金を用意したり、事業を企画したりする行政の側から考えれば、ただでさえ国や県のお金が足りないのに、これ以上、村の問題に対して費用をふやせないと思うかもしれません。また、若い人は魅力的な仕事があったとしても村にのこりたくないかもしれません。さらに、若い人が魅力を感じる仕事をだれが用意するのでしょうか。

村に住んでいる人と、村を出て行く人、都会に住む人、行政などは、立場が違います。立場が違ううえ、それぞれにできることは限られているのに、ただ村をのこす方法だけを一方的に考え、行政や村を出て行く人に問題を押しつけてもいいのでしょうか。どうなったら本当に解決したといえるのでしょうか。中野俣を通して浮びあがってきたこれらの疑問は、消えた村について考えるうえで大きな手がかりになっていきそうです。詳しくはほかの消えた村の問題もふまえて改めて第五章で考え、議論していきたいと思います。

第二章

横倉の人とくらし
―福井県勝山市―

横倉と現在の福井県

1　横倉の栄えた頃

私たちの学校がある勝山市の北谷町では、過疎が進み、中野俣という集落がなくなりました。勝山市全体でも過疎化のため、ここ四〇～五〇年間で人口がすごく減ってきています。そして地図には地名があるのに人がだれも住んでいない村もいくつかありました。その一つに、野向（のむき）町の横倉というところがあります。長いあいだ雪と戦ってきた村でした。

横倉とは

横倉は、福井県勝山市野向町にあった集落です。横倉がはじめて歴史の中で登場するのは古く、永正三年（一五〇六年）に長勝寺（大野市）から太郎兵衛という人へ宛てた手紙があり、この中に横倉の名

以前は家が立ち並んでいた村跡を訪れました

前がありました。慶長三年（一五九八年）の検地帳によると、検地面積は約四万六四〇〇平方メートルでした。また、明治初期の『足羽県地理誌』によると戸数八二戸、人口四五三人、馬牛三〇頭、とあります。明治二二年（一八八九年）には野向村の一地域となりました。そして昭和二九年（一九五四年）、勝山市が誕生して野向村は野向町になりました。

この横倉は、私たちの学校「かつやま子どもの村小・中学校」のある北谷町とは地理的に近く、人々は峠を隔てて行き来していました。北谷に通じる山道もあり、中野俣や杉山と交流していました。

横倉が栄えたいちばんの理由は、加賀越えの拠点だったことです。現在の石川県加賀市への通路になっていて、古くから発達した交通の要所でした。大日峠と新又峠の二つの峠があり、その二つの峠路の分かれるところに横倉の集落がありました。赤箒（あかぼうき）や大ナダレなど急な崖のある地形が多く、もともとは交通が困難な地形でした。しかし、人々が峠を越えて移動するときに休憩できる集落として栄えました。

しかし昭和三八年（一九六三年）の豪雪の後は、すべての住民が離村し、無人地域となりました。その後は民宿「あまごの宿」を経営する方の家が一戸、ほかに「出づくり別荘」が二戸あるだけです。この横倉は、どのような村で、なぜ消えてしまったのか、詳しく見ていきたいと思います。

栄えた時代の仕事や生活

以前、横倉の住人だった広瀬好行さんによると、村が栄えた時代、仕事はおもに畑作と炭焼きだっ

横倉の境内で，広瀬好行さんのお話を聞きました

たといいます。当時はほとんどの人が炭焼きをしていました。横倉でつくられる炭は備長炭で質がよかったそうです。山ではきれいに下草や柴を刈り取って炭用の木を取っていました。大きい木は穴を開けてダイナマイトを入れて割りました。当時はほとんどの人が火薬を扱えたそうです。

夏場は炭焼きを休んで出稼ぎにも行きました。県内だけではなく、岐阜県の中津川や石川県の加賀など、さまざまなところへ行きました。ほかにも隣の大野市にある中竜鉱山にも行ったといいます。

田んぼの仕事もありました。田んぼはほとんどお年寄りと女性の仕事でした。ただし農繁期《のうはんき》には男性も手伝いました。その時期以外はほとんどが炭焼きをしていました。冬も、焼いた炭や米を入れる俵をつくるなどの仕事がありました。当時は機械がなく、俵はすべて自分たちの手で編みました。子どもも手伝ったそうです。

水車はわらを打つのに必要で、五〜六軒に一台はあったそうです。ときどき、その水車をつくるという仕事もありました。

村人同士のかかわりは深く、田畑の収穫が終わると、みんなでお酒を飲んで祝ったそうです。また、ウサギなどの動物を捕まえたときは、家族だけで食べるのではなく、近所のみんなで食べました。クマを捕まえたときは、山から下ろすのが大変なので、村内の人々に手伝いに来てもらって運び、各家庭に肉を分けてまわったそうです。田畑で収穫したものも分け合っていたといいます。広瀬さんによると、山奥ならではの助け合いの習慣だったのではないかということです。そのため、天保七年（一八三六年）〜八年（一八三七年）に日本全国を飢饉が襲ったときも、横倉では餓死者が出なかったそうです。

子どもたちは祭りをとても楽しみにしていました。夏は夏祭りがあり、秋は秋祭りがあり、冬は左《さ》義長《ぎっちょ》がありました。祭りのときは出店が来て、子どもたちに大人気だったそうです。

横倉では、北谷や石川県の加賀の人と結婚する人が多く、どちらかといえば、村内の人同士で結婚するほうが少なかったそうです。

また、横倉ならではの結婚にまつわる話があります。結婚式を挙げると、お嫁さんは綺麗に化粧されます。村の人々は大きな穴を掘ったり、雪を積みあげたりして、花嫁の行列を進めないようにしました。綺麗にしたお嫁さんの姿を少しでも長く見るためでした。これは、娯楽の少ない村の習慣のようなもので、どのお嫁さんも理解していたそうです。

学校と子どもたちのようす

明治時代になると、すべての国民が教育を受けられるよう学校制度が整備されはじめました。明治五年（一八七二年）に、「学制」が発布されて、この年から全国的に学校が設立されました。横倉はほかの集落とは違い、人の出入りが難しい場所にありました。もともとは野津又にあった芳渓小学校の校区でしたが、通うのが大変なため分離独立して、横倉の地区に一つ小学校をつくることになります。それが明治十一年（一八七八年）の話です。

当時は今の小学校とは違い、上等・下等の二つで計八年間でした。また当時は、入学するのは経済的にゆとりがある家庭だけでした。入学しても、家の手伝いや子守で学校に行けなかった子どももいました。そのため、明治十五年（一八八二年）の横倉小学校は、在籍児童は二〇人いるものの、出席できた

聞いた話・調べた情報は分担して原稿にまとめました

子どもは十六人でした。教師も一～二人と少なかったようです。

　昭和になっても、先生は校長先生と低学年の担任、高学年の担任の計三人でした。広瀬さんが子どもの頃は児童の数は一～六年生で四〇人ほどで、一～三年生を同時に教える複式学級でした。また当時は、村の上下二つの道場を教室として使用していました。

　昭和に入り、学校の制度が変わり全国に中学校ができました。しかし横倉には中学校がなく、隣の野向（のむき）村（現在の野向町）の中学校まで通っていました。

　冬季は雪が多いため、通うことはできず、そのあいだ村の中学生は野向中学校の中にあった寄宿舎を利用していました。ただ夏場も寄宿舎に泊まれたそうです。用務員の人も、寄宿舎で寝起きをしていました。

　夏場は村から通うため、中学生になると男の子はどの子もピカピカの自転車を持っていました。行きは急な下り坂を自転車で降りるため、そんなに時間はかからず学校に着きました。しかし、帰り道は一時間もかかったそうです。上り坂であるうえに、途中で寄り道もしたからです。秋になると「この木の柿はうまい、あれはまずい」などを先輩から教えてもらいました。当時は、柿の木がいっぱいあったので柿の実をとっても怒られませんでした。お腹がすく帰り道、中学生たちはよく食べたそうです。

　当時の親たちは、子どもが遠くへ遊びに行ったり、寄宿舎で寝泊りしたりしても、まったく心配しなかったといいます。相撲が流行っていたため暗くなるまで隣町で勝負をしていて、家に帰るのが夜中の十二時になることもありました。親のバイクや耕運機を運転して遊びに出かけたこともありました。それでも叱られなかったといいます。広瀬さんは、そんなご自身の少年時代を振り返って、「今だったら、大変な不良少年だな」と話されていました。

さらに面白いことに、中学校で学校のグランドに縄でS字を書いて、先生と中学生でトラックの運転の練習もしたそうです。このようなことをしても、教育委員会から文句をいわれることも、保護者から苦情をいわれることもなかったそうです。

村では昔から中学生が小学生の面倒を見る習慣がありました。中学生と小学生は、学校は違っても、一緒に過ごしており、中学三年生がリーダーシップをとっていました。大きい子が小さい子の世話をする習慣があったためです。

2　村がなくなった原因

村から人がいなくなる

明治時代から、徐々に人が減ってきていた横倉ですが、昭和三五年（一九六〇年）頃から、村を離れる人がふえはじめます。「一軒減り、またもう一軒減り」という状態だったそうです。とくに昭和三八年（一九六三年）の豪雪のあとは、多くの人々が村を離れました。昭和四〇年（一九六五年）には、お話を聞かせていただいた広瀬さんのご家族も村を出ることになり、のこった家は、数えるほどだったそうです。横倉から人が出ていくこの頃、第一章でもとりあげた通り、日本全国で過疎問題がはじまりました。高度経済成長の影響で石油やガスなどの燃料が普及し、炭がつかわれなくなるなど大きな問題となりました。その問題は、横倉にも影響を及ぼし、多くの村人の仕事がなくなったのです。

表層雪崩

第一章でもとりあげたように、昭和三八年（一九六三年）は、全国的に雪がものすごく降りました。三八豪雪《さんぱちごうせつ》とも呼ばれます。この年の冬、横倉では村の存亡にかかわる大きな表層雪崩が起きました。この雪崩も人々が村を出る理由になったといいます。

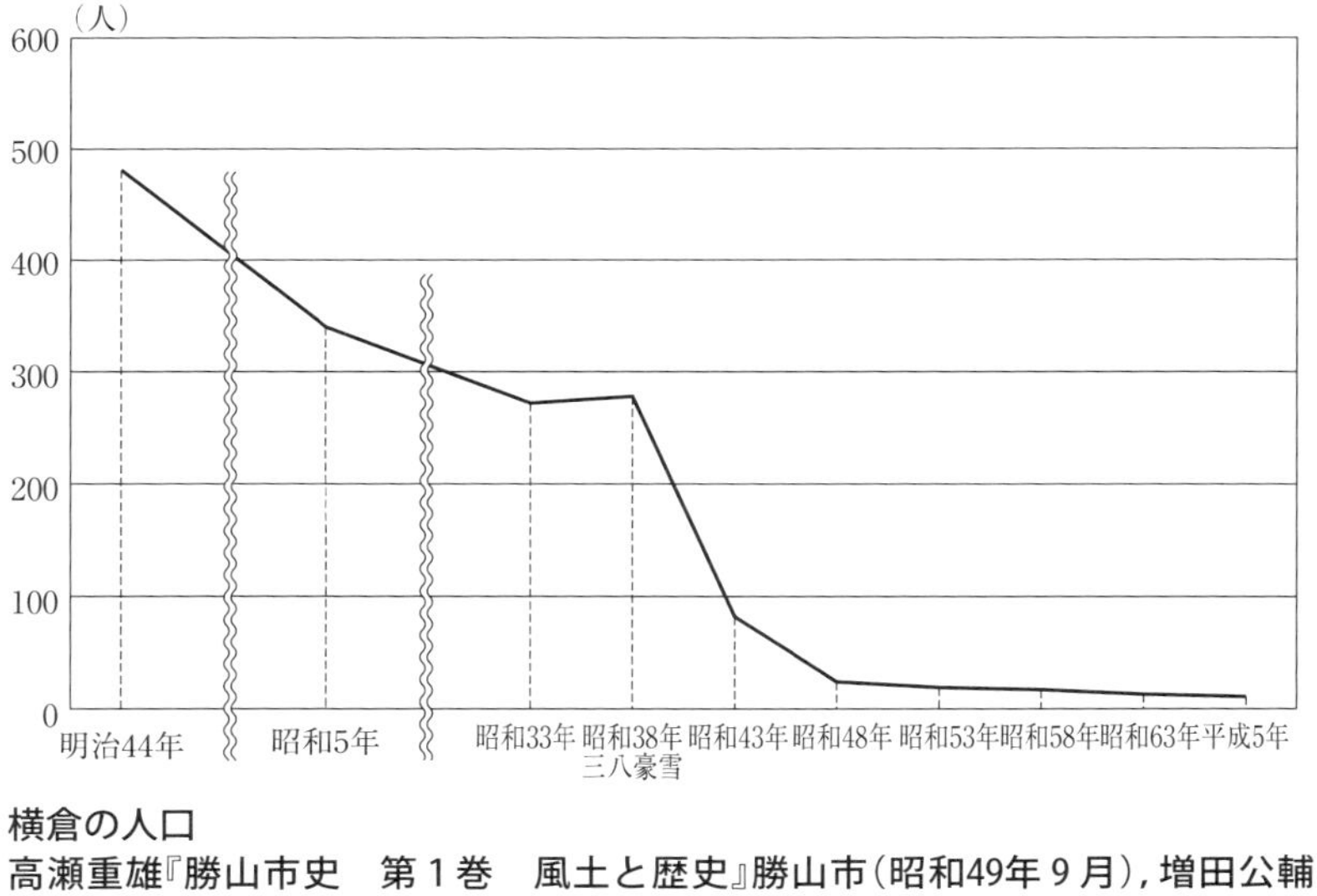

横倉の人口
高瀬重雄『勝山市史　第１巻　風土と歴史』勝山市（昭和49年９月），増田公輔『高尾の息吹』野向町まちづくり推進委員会（平成23年３月）のデータを元に作成

昔から、横倉ではよく雪崩が起こりました。その理由として、山の急な斜面や寒い気候に加えて、木を過剰に切ってしまったためだともいわれているそうです。現在は木々が高くなるまで育っているので、当時ほど雪が滑らないと考えられています。

昭和だけを見ても、昭和二年（一九二七年）に犠牲者を出した雪崩が起こり、昭和三六年（一九六一年）、四九年（一九七四年）にも大きな雪崩がありました。これだけ雪崩が続いていたため、学校や村では避難訓練などの対策がたくさんとられていたのではと思いましたが、実際には、一切なかったそうです。横倉では、「起こったらその場で対処」というのが普通だったというのです。

表層雪崩はいくつかの条件が揃ってはじめて起きます。国土交通省によれば、その条件は以下の三つだといいます。

① 厳冬期の山間部で起きる。
② 雪同士の結合が弱い層の上に、さらに大量の新雪が積もり、結合が壊れて起きる。
③ 降り積もった新雪が急に崩れる。

以上の条件が揃ってはじめて表層雪崩が起きます。これは横倉で起きた雪崩にもあてはまります。通常の雪崩と比べて表層雪崩は被害が大きいといわれます。表層雪崩が恐ろしいのは次の三つの理由からです。

① 亀裂ができるなどの兆候がないため想定しにくい。
② 破壊力が大きい。（数百キロパスカルに達し、建造物などを破壊するほどの威力）

③　速度は全層雪崩より速い。（時速一〇〇～二〇〇キロメートルと新幹線並み）新幹線のスピードで雪がおそってきて、ものが簡単に潰されてしまう威力があるうえに、予兆がないので逃げることも難しいのが特徴です。

「あわ」の被害

ここで、いちばん被害が大きかった、昭和三八年（一九六三年）の雪崩について、実際に被害にあった人々のことばを交えて紹介します。私たちも話を聞いたり文を読んだりして、胸のあたりが苦しくなりました。

横倉で発生した雪崩は一般的には表層雪崩と呼ばれますが、被害にあった横倉の人々は「あわ」と呼んでいます。そのほか「冬の台風」ともいわれます。

広瀬さんの話によると、あわ雪崩の雪は、絶対に固まらないそうです。雪が乾いているため息を吹きかけると泡のように舞ったので「あわ」といわれます。

三八豪雪は「豪雪」と名が付くように、多量の雪が降りました。横倉では二、三日で背丈を越える量が屋根に積もり、雪かきが大変でした。そんな中、一月二四日はあまりにも雪がひどいため、横倉小学校は休校、野向小学校・中学校は十時に授業が打ち切りになりました。冬は通学が困難なため、横倉の中学生たちは学校付設の寄宿舎に泊まっていました。そのため雪崩が発生したこともわかりませんでした。

広瀬さんのことばを借りれば、表層雪崩は、山から雪が「サー！」と流れてきて「ウワァー！」と渦を巻いて、神社の近くにある大きなけやきの木をねじってしまうほどの威力でした。ようすを見ていた方も、「どう説明したらいいのかわからない」というそうです。神社は、雪崩に巻き込まれて全壊し、公民館は、雪崩によって起きた風で半壊しました。その風は「爆風のようだった」といいます。

被害にあった家は四軒、亡くなられた方は十六名にもなる大きな災害でした。広瀬さんの同級生の二人も家族を亡くしたといいます。当時は今のように各家庭に一つずつ電話があるわけでもなく、地域の人々に情報はあまり伝わらなかったそうです。そのため一月二四日の午後十二時半に雪崩が発生しましたが、市内の人々には翌日の朝に知らされました。また、だれが亡くなったのかわかったのは雪崩発生から丸一日たってからでした。

雪崩の事故現場へ向かう救援隊（福井新聞社提供）

「あわ」の救助のため、勝山署と勝山消防署で合同救助隊が結成され、救助に向かいました。しかし、雪があまりにもひどいため、横倉に向かう途中の野津又で一泊しないと危ない状態でした。日付が変わり、早朝に横倉に向かうものの、新雪だけでも男性の胸の高さまでありました。先頭の人が雪をかきながら進み、先頭を交代しながら横倉をめざしました。

救助のために小松の自衛隊も出動し、ヘリコプターで遺体の回収がおこなわれました。十四人の遺体を回収したものの、二人の方の遺体が見つからないまま、引き上げてしまったそうです。二月二二日には、県警へ警察犬の派遣を依頼して、その翌日に一人は掘り起こされたそうですが、もう一人は見つからなかったそうです。

雪崩を体験した人のことば

昭和三八年（一九六三年）二月二五日発行の勝山市広報に、横倉の小学生による「あわのこと」という作文が掲載されていました。どれだけ悲しくて、辛かったかが伝わってくる文だと思います。

あわのこと

山岸　みどり

廿四日（二十四日）の時わたしは、二かいへ上って見ようと思いましたが、おそろしかったのであがれませんでした。「やごさん」の父ちゃんが「ぜんどく（古川忠雄）でも、けんつあん（古川憲治）も、うちん（古川栄）とこもどこもアワでないわれ（なくなっているよ）」といって泣き出しました。ぜんどく（古川家）では火がもえていましたので、よし子ちゃんの手は、きいろくなってでてきました。よし子ちゃん、たかちゃん、よしみつちゃんは元気だったのに死んでしまったので、わたくしはかなしくてなりません。

学校のよし子ちゃん、よしみつちゃん、たかちゃんの机の上には、きれいなきくの花と、おかしがかざってあります。わたくしは、その花をみるとなけてしまうのです。たかちゃんたち、どうして死んでしまったのだろう。わたくしたちは、こんどどんなくらしのしかたをしたらよいのでしょう。「あわ」はもうこないと思いますが、なだれちゅういよほうがでているのでおそろしいのです。こんどまた「あわ」がでたら、わたしたちはおさめです。雪が消えたらおはかをつくってあげたいと思います。よし子ちゃんたちを、よばっても（呼んでも）なみだがうかんできて、声が大きく出ません。

また、横倉であわを体験された古川栄さんの文章が『高尾の息吹』（増田公輔、野向町まちづくり推進委員会、平成二三年三月三〇日）という本に載っています。これも当時のようすがわかる文です。

雪下ろしをしていたら、突然ゴーッという音が聞こえ、振り向くと、自分の家をはじめ隣近所の家々が滑り落ちる大量の雪に呑み込まれていくのが見えた。それはほんの一瞬の出来事であった。

広瀬さんに，雪崩が発生した場所を案内していただきました

自分もそのとき、風圧で吹き飛ばされてしまった。

とつぜん家族が亡くなった子どもたちはどんな心境だったのか、周囲の人にも伝わってきたそうです。私たちもとつぜん友達や家族が亡くなると思うと、どれだけ悲しいか想像ができます。

村を去る決意

住民が職を求めて都会に出て行く中で、「あわ」の被害が起きたため、横倉の存続は絶望的になりました。「あわ」の被害がひどく、仕事がなくなったため、横倉に未練がなくなってしまったという人もいました。こういう人たちは家を建て直すことも考えなかったといいます。ただし、村民たちは被害にあった神社は立て直しました。村を離れる人々は、神様に申し訳ないという気持ちがあったのだそうです。また、それまで横倉では田畑を守って生活してきた人が多く、その田畑に木を植えて村を離れた人も多かったといいます。それも、今までお世話になった田畑への感謝の気持ちだったのかもしれません。

当時、中学生だった広瀬さんは、横倉の慰霊碑の前で、私たちに話してくださったとき、とても悲しい顔をされていると思いました。友人や知人が「あわ」で亡くなったのは、とても辛いことだと思いますが、それでも私たちに一生懸命、話をしてくださっていることに、とても感動しました。

三八豪雪

このように昭和三八年（一九六三年）の豪雪は、横倉に大きな被害をもたらしました。村と自然災害とのかかわりについて考えるため、ここで日本全国のようすも見てみたいと思います。

〈日本全国の被害〉

三八豪雪は、昭和三七年（一九六二年）のクリスマスから降りはじめました。そして翌三八年（一九六三年）一月二一日に本格的な大雪となりました。ピークは一月二〇日くらいから二月十日くらいまででした。この年の一、二月は太陽が出ている時間がとても少なく、気温が上がらないため雪が溶けず、ものすごい勢いで積もっていきました。

全国各地で降雪が多く、ふだんは雪が降らない九州でも断続的に雪が降りました。大分県の日田市で三九センチ、鹿児島県の阿久根市で三八センチなど、九州地方の平野部でも三〇センチ以上の積雪を記録するほどでした。また福岡県内では雪が積もりやすい飯塚市の累計積雪量が一八五センチに達したのをはじめ、山間部を中心に多くの場所で一〇〇センチに達しました。このため、交通障害や通信障害、停電、農業被害が多く発生しました。九州での雪は珍しく、たいへん困ったと思います。また関西や関東の首都圏でも被害がありました。関東では厳しい冷え込みと乾燥が襲いました。東京ではマイナス五・五度、湿度六パーセントの日もありました。その結果、都内ではガス漏れ、火事、水道管破裂などが続出しました。

福井県などの日本海側では、平野でも三メートル以上の雪が積もりました。人々は毎日、屋根の雪下ろしにおわれました。スコップを求めて店に行っても、品切れ状態だったそうです。陸上自衛隊による消雪活動までおこなわれました。

二月になると寒気の流入はおさまりましたが、一月に降った大雪の影響で北陸や中国地方を中心に雪崩や融雪による洪水も発生しました。三八豪雪での被害額は全国で一一六九億円ともいわれています。

二月十二日に気象庁は「昭和三八年一月豪雪」と命名しました。これは戦後最多の積雪だともいわれています。

〈三八豪雪の特徴〉

この三八豪雪にはたくさんの特徴があります。『雪とつきあう福井の歴史』（本多義明他、地球環境研究所、二〇〇三年二月二二日）によると次の通りです。

①　年最高積雪深は第一位（一〇〇年来の大雪）
②　月平均気圧は累計の最低記録
③　長かった降雪期間
④　猛吹雪
⑤　月降水量は最多記録
⑥　寒気の波状的襲来
⑦　一月中の日照時間は可照時間のわずか八パーセント
⑧　ずれた降雪のピーク（一月の半ばから激しい降雪）
⑨　海上のしけが続き、一ヵ月以上出漁不能
⑩　南～西の風が卓越した

これを見ても、長期的に雪が降り、そのため積雪量が多く、多方面に影響を及ぼしたことがわかります。

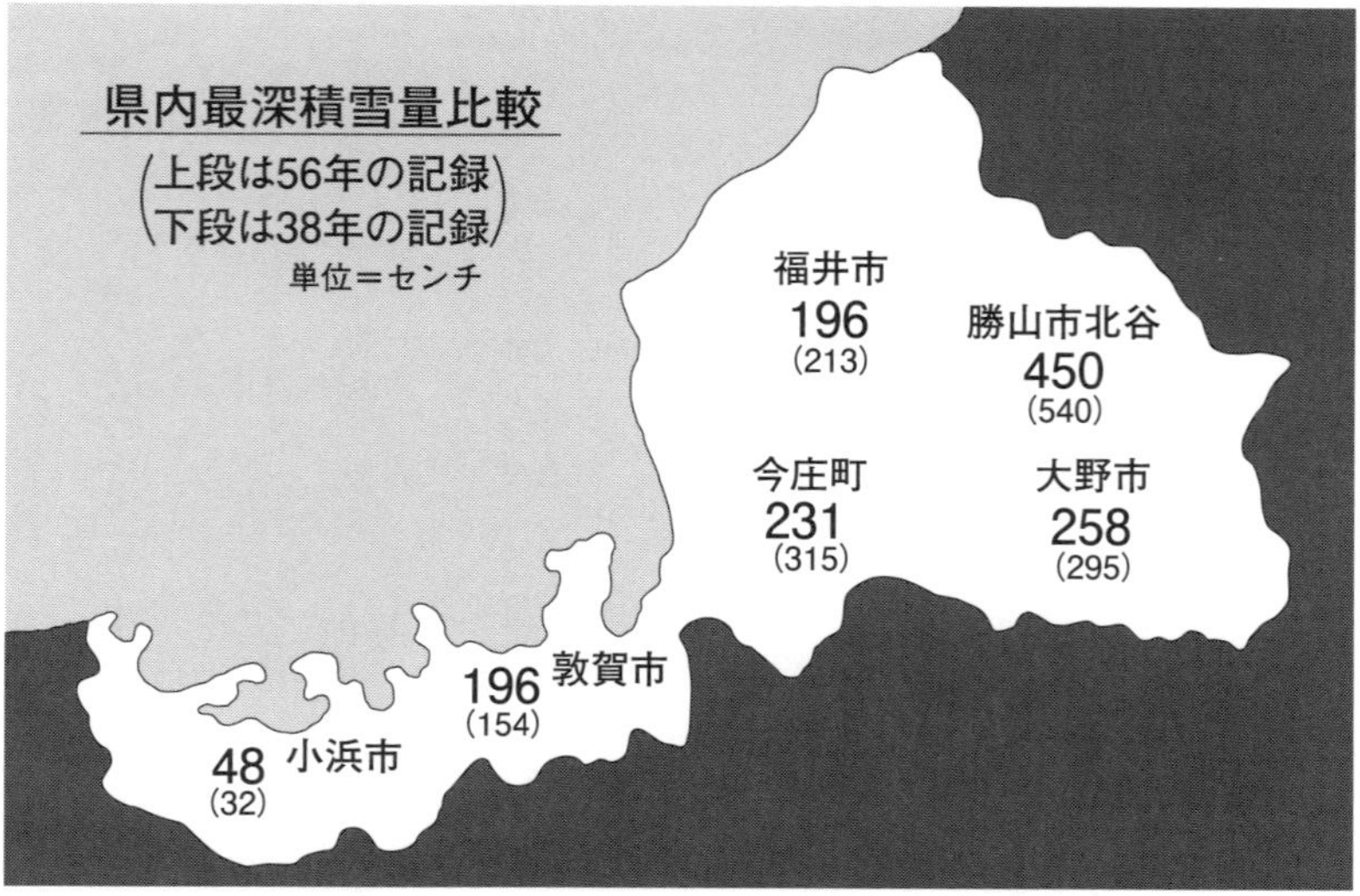

昭和38年・56年豪雪時，積雪量が多かった福井県内の地域（福井新聞社提供）

〈電車の被害〉

この大雪によって、全国的に交通機関にも多くの影響が出ました。新潟県内の国鉄は、その中でもとくに大きな影響を受けました。

この冬、信越本線の長岡～新津間を中心とする平野部にたくさんの雪が降りました。東京・大阪方面から日本海側を経由して新潟・東北方面へ抜ける列車がすべて通過するとても重要な区間でした。

この区間を走る新潟発の列車のうち、一月二三日十六時五分に出発した列車がなんと五日後の一月二八日八時二九分、一〇六時間三一分もの遅延で上野に到着しました。これは三八豪雪の中でももっとも長いあいだ止まった列車といわれています。そのほかにも関西や関東で、交通のダイヤが乱れました。

雪で埋もれてしまったバス
福井市『白い災害の記録—38. 1豪雪—』（1963年 4 月）より転載

〈北谷小学校の被害〉

私たちの学校の前身である北谷小学校（現かつやま子どもの村）でも、三八豪雪のときは恐ろしいほどの雪が降りました。北谷では累積で、五メートル四〇センチも積もったといいます。校舎には雪がどんどん積もり、まわりに雪を捨てるのですが、そのうち捨てる場所もなくなり、体育館の中に雪を入れることに決めました。「体育館の三分の二ほどに雪を入れ、難を免れた」という記録がのこっています。

校舎の一階にある教室は、窓が塞がれたため昼間も真っ暗で、各地からよせられた豪雪見舞金をつかって教室に蛍光灯をつけました。また、除雪作業をするため四五〇人も集まったそうです。

〈これから先の雪への対策〉

二度とこのような雪での被害を起こさないため、三八豪雪の後には雪への対処法も改善されました。雪氷災害を防いだり被害を減らしたりするために、雪崩や吹雪の防止柵などの設備をふやしたり、災害の発生にかんする情報をうまく利用して対処したりできるようになりました。たとえば、防災科学技術研究所雪氷防災研究センター（新潟県長岡市・山形県新庄市）という研究所では、雪崩・吹雪の発生や道路の雪氷状態の予測をおこなう雪氷災害発生予測システムを開発しました。その後の大雪のときには、雪崩危険度などを求めることができるようになりました。これらは、三八豪雪などの経験を生かした雪害対策だと思います。

3　その後の横倉

これまで見てきたように、横倉は過疎と雪崩が原因で人がいなくなってしまいました。横倉を出ていった人々のその後はどうなっているのでしょうか。

慰霊碑と神社

〈神社〉

横倉には白山神社がありましたが、三八豪雪で壊れてしまいました。建て直すため横倉から出ていった村民の名簿をつくり、毎年、資料を送っていました。神社には、建て直すためにお金を出した人の名前が書かれています。現在は無事に再建され、きれいになっています。神社は、横倉の人たちにとってなじみがあり、子どもたちは、神社の下にはいり石を拾ってお守りにしたともいいます。村民の方々に

とって神社は、とても大切だったに違いありません。

〈慰霊碑〉

神社の横には、三八豪雪で亡くなった方のために慰霊碑が建てられています。慰霊碑には以下のようなことばが書かれています。

「昭和三十八年一月二十四日正午頃、堂庭坂附近より竜巻の如きアワとなって、一舜にして十六名の命を奪った、霊峰聳える大日の胸に抱かれし、御魂の冥福を祈る　住職」

慰霊碑には亡くなった方全員の名前が刻まれていました

村が消えても交流する住民たち

今、横倉に住んでいる人はいません。しかし、田畑をするため横倉に来る人はいます。お話を聞かせてくださった広瀬さんも畑仕事をしにきている一人です。

横倉を出た方はいろいろな所に住居を移しました。勝山市内に住む人もいますし、福井県内のほか

雪崩の被害があった場所には家々の土台があり，村の姿が想像できました

の市に住む方もいます。また、県を出て関西地方で暮らす方も多いそうです。

二〇一二年四月二二日に横倉に住んでいた方々が集りました。約五〇年ぶりに六〇人以上の方が集りました。皆さんが定年になって、時間に余裕ができたため実現したそうです。横倉を出てから一度も会えなかった人も多かったようです。五〇年たっても話す内容はほとんどが当時の横倉のことばかりでした。神社を直すためなどに連絡はとっていたそうですが、会うのは久しぶりでした。

広瀬さんは「やはり会えて嬉しかった。これからもみんなに横倉へ足を運んでほしい」と話されていました。

4　横倉について考える

これまで横倉の歴史を見てきて、中野俣と同じような高度経済成長による過疎の問題に加えて、雪崩という自然災害が原因で村が消えたことがわかりました。雪崩は、さっきまで遊んでいた友達や家族、家など大切なものを一瞬にして奪ってしまいます。それは、ことばにあらわせないほど悲しいものだと思います。それは、いくら時間が経っても、そのときの記憶は消えないと思います。冬が来れば、当時を思い出してしまうかもしれません。雪害は村が消えてしまう原因の一つであり、人々の心に恐怖や悲しさをのこす原因でもあるのです。

横倉では雪崩が発生してから、一日後に被害状況を知らされたといいます。当時の横倉で、それだけ時間がかかってしまったのは仕方がないのかもしれません。けれど、「もう少し早くできる方法はなかったのか」とも思います。調べていて、「山奥の村だから遅くなってしまったのか、都会だったらもっと早くに情報が知れたのではないか……」とも思いました。やは

り、雪害の後の対処にも山奥の村と都会の違い、社会の扱い方の違いが現れているのではないでしょうか。

三八豪雪のときに起きた雪崩が横倉にとってはじめての雪崩ではなかったのですから、大雪になる年があったり雪崩が起きたりということは、想定ができたはずです。災害に備えて充分な対策をしていたのとしていなかったのでは、まったく違う結果になっていたと思います。では、雪による被害をなくすためにはどうすればよいのでしょうか。私たちは、まず「行政が率先して対策を考えておくべきだったのではないのか」と考えました。行政の自然災害への対応が不充分だったのかどうかという疑問点については、第五章で改めて考えたいと思います。

私たちの学校がある北谷町から横倉はそれほど離れていないのに、私たちは、最初は「横倉」という村があること自体を知りませんでした。横倉が雪崩でなくなったのは有名ですが、ときが経つにつれてどんどんみんなに忘れられてしまったように思えます。横倉で雪崩が起きた日に、私たちは黙祷をしました。そして、「今、こうやって横倉を考えている人はきっと少ないよね」という話をしました。みんなに忘れられるのは、とても悲しいと思います。けれど、そういった村があるというのを知らない人がほとんどだというのも事実です。どうすれば、「消えた村」をみんなに知ってもらえるのでしょうか。これについても、第五章で考えたいと思います。

第三章

西谷村の人とくらし

―福井県大野郡―

西谷村と現在の福井県

1　西谷村の集落

　第一章の中野俣や第二章の横倉のように、消えた村は勝山市の隣の大野市にもいくつかあります。その中でも西谷村は、二つの村とは違った経緯で村がなくなっていました。どんな村だったのか、そしてなぜ村がなくなってしまったのか、詳しく見ていきたいと思います。

　西谷村は、九頭竜川上流にある山地の西半分を占めており、古くから南山中西乃谷と称されていました。福井県内でもっとも雨や雪が多い山地だといわれています。自然豊かで、村々は森林に包まれ、峡谷に閉ざされているため、孤立性がとても強かったともいわれます。

現地には記念碑や看板など，村について書かれたものがたくさんありました

西谷村にはもともと、十一の集落がありました。国勢調査によると、もっとも人口が多かったのは昭和三〇年（一九五五年）の三四三六人ですが、ダム建設の影響で移住者がふえたためで、もとから住んでいた村民はもう少し少なかったようです。この頃を境に災害やダム建設、過疎化によって人口が減っていきました。

村のあった地域にはいくつもの川が流れています。もっとも大きな集落だった中島の中心部を真名川が、岐阜県との県境にある「蝿帽子峠（はえぼうしとうげ）」からは蝿帽子川が、ほかにも東西には笹生川、雲川などが流れています。これらの川が合流して、笹又峠のふもとから若生子（わこうご）を経て、大野市と勝山市の境目の下荒井で九頭竜川に合流します。この真名川に沿って、下笹又、上笹又、黒当戸、中島の四集落がありました。また中島から雲川に沿った地域には、巣原（すはら）、熊河（くまのこ）、温見（ぬくみ）の三集落があり、同じく中島から笹生川の流域に小沢、本戸（もとど）、下秋生（しも

村跡を見て回りました

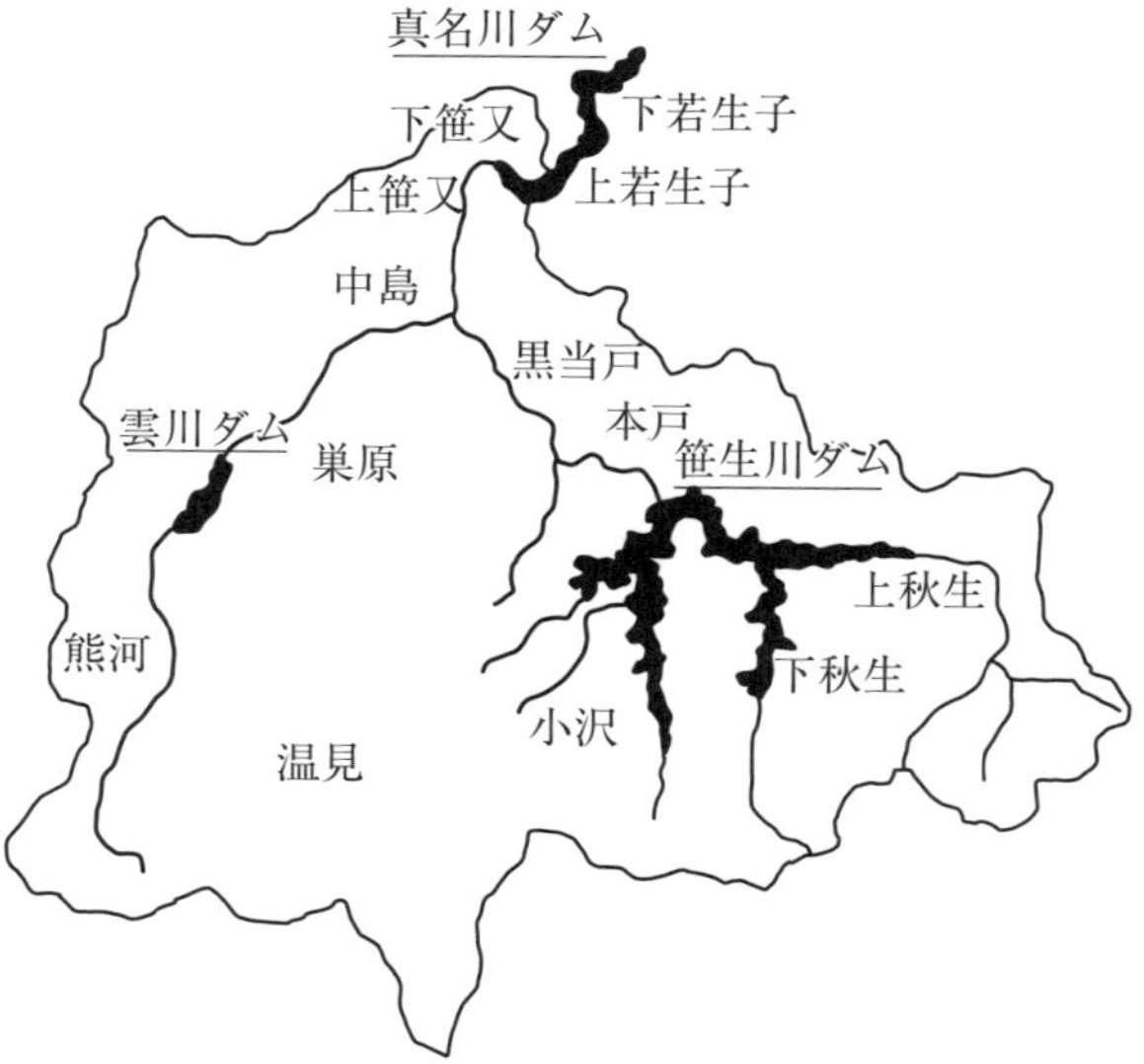

西谷村の集落と本章で取り上げるダム
吉田森『西谷村誌』福井県大野市西谷村(昭和45年10月）を参考に作成

あきゅう)、上秋生（かみあきゅう）の四集落がありました。

西谷村は大きく分けて十一の集落がありましたが、こまかい集落もいくつかありました。上野、羽付（はっつき)、奥巣原です。村の少し下流に若生子という集落もありましたが、西谷村ではありません。文化が似ているので、西谷村をとり扱う文献の多くに載っていました。この本でも一部、載せています。

西谷村でいちばん古い出土品は縄文時代のものです。しかし、集落はそれよりはるかに後の、中世初期頃から次第に形成されてきたものと推定されています。

2　くらし

西谷村は集落の数が多く、産業、風習、方

言などが少しずつ違っていました。

生活を支えた仕事

〈少ない耕地〉

『真名川流域の民俗』（真名川流域民俗調査団、福井県教育委員会、昭和四三年三月三〇日）という本によると、この地域の村々は農耕地には恵まれていませんでした。耕地率は、平野では九〇パーセント近くあるのが普通ですが、西谷村では五パーセントから三〇パーセントしかありませんでした。耕地の大部分は畑で、山村農業の特色を示しています。もともと少なかったのですが、近年さらに耕地の縮小が進んでいました。

熊河では、大正八年（一九一九年）に米づくりをはじめました。それまでは、畑一つでヒエやトウモロコシ、黄蓮《おうれん》などをつくっていました。

昭和28年５月ごろの中島
平野順治『西谷村　心に生きるふるさと』西谷村（1970年３月）より転載

黄蓮畑のようす
平野順治『西谷村　心に生きるふるさと』西谷村（1970年３月）より転載

〈黄蓮畑〉

作物でもっとも収益の高いものが黄《おう》蓮《れん》でした。福井県の黄蓮の八割を生産するのが西谷村で、全国の五割を生産する日本一の黄蓮栽培の村でした。

平成十九年（二〇〇七年）の全国の生産量は、一〇〇一キログラムで、そのうち福井県が七五一キログラムで約七〇パーセントを占め日本一の生産となっています。その福井県内でも栽培場はほぼ大野市にあり、標高八〇〇～一〇〇〇メートルのミズナラ、ウツギなどが生えている緩傾斜にあることから「越前山黄蓮」とも呼ばれています。

平地で栽培するものは三～五年で収穫します。けれども、大野市の黄蓮はセリバ黄蓮という種類で、平地での栽培は難しいそうです。山地では生育が遅く、収穫するには十〜二〇年間もかかります。とれた黄蓮は、根茎を乾燥させ、漢方薬として利用されます。

西谷村の黄蓮はブナやカエデ、ナラなどの広葉樹の林の中に栽培されていました。栽培の歴史は古く、幕末にはすでに黄蓮畑があったといわれています。これが重要な収入源となるのは、第二次世界大戦前に大阪の商人を通じて中国に輸出されるようになってからです。

畑まで近くて一時間、遠いところでは三時間以上かかるので、栽培をする人たちは山に小屋をつくって仕事をしたそうです。

黄蓮の栽培は、村のほとんどの集落でおこなわれていました。中島は、村の三分の一が黄蓮畑でした。巣原は、黄蓮がもっともさかんな集落でした。

〈焼畑〉

焼畑は山村でもっとも特徴ある耕作でした。全国でも多くの村で、第二次世界大戦頃までさかんにおこなわれていました。西谷村でも焼畑をおこなっていましたが、水田のある下若生子ではあまりおこなわれず、ここで焼畑をしたのはおもにほかの村の人でした。村民でないため、焼畑の後、植林をせずに放置したため、木が育っておらず、あとになって若生子の人は困ったそうです。

火入れは春焼き（五月）と夏焼き（七月のお盆過ぎ）の両方があり、夏焼きは成育期が短くて済むソバをまいた「そばなぎ」で、九月には収穫ができました。春焼きの場合は、栽培する作物は、おもにヒエでした。

〈製炭〉

広葉樹が豊富な西谷村では、製炭（木炭の生産）はよくある仕事の一つでした。村では比較的新しい仕事でしたが、これも収入源として重要でした。原料は、自分の山から採るか、所有者がいる山から買うかでした。共有山の木の購入は、競争入札になっていました。この入札には岐阜県の人も参加しました。

焼いた木炭は、一俵十五キロくらいある炭俵を一人が三俵も担いで村まで運びました。しかもその上に子どもを乗せて運んだ人もいるそうです。

もっともさかんだった時期、小沢では四二戸のうち、共有山での製炭の権利を持った家は三四戸もありました。一時は村の収入の八

製炭のため木を切る様子
平野順治『西谷村　心に生きるふるさと』西谷村（1970年3月）より転載

割を得ていました。

いっぽう秋生は鉱山地だったので、労働の大半は鉱山に向けられ、製炭の余裕はありませんでした。ここでは昭和に入ってようやく製炭がはじまりました。村の重要産業だった紙すきや養蚕《ようさん》が衰え、また古い焼畑の跡地で成長した木が原木としてつかえるようになったためといいます。

〈養蚕《ようさん》〉

養蚕は、時代によって主産業になったこともありましたが、ほとんどが副業でした。そのため、本格的な養蚕地にはなりませんでした。西谷村では昭和四年（一九二九年）の三八トンが、繭《まゆ》の生産のもっとも多い年でした。

養蚕がさかんだったのは上笹又と巣原です。逆に、温見ではあまりさかんではなかったようです。

〈狩猟〉

西谷村ではイノシシ、クマをはじめとする大動物からウサギ、ムジナなどの小動物まで捕獲していました。専業としておこなっていた家はなく、冬の副業としておこなわれていました。中島や上笹又では関心が薄かったようです。

小沢では、猟に巧みな人が五〜六人集まって、毎冬クマ獲りをしていました。十二月は早く雪が降ると、クマが足跡をつけるので多く獲れました。十二月から三月は穴熊狩といって、冬眠しているクマを獲っていました。三月末から四月中頃までは冬眠から覚めたクマを獲りました。
西谷村が廃村になる前後には、上若生子では三人、下若生子では一人の猟師がいたそうです。

〈製紙〉

冬〜春にかけて副業として紙すきもしていました。和紙の生産は古くからおこなわれ、西谷村の伝統工業品として福井県内だけでなく関西方面でもつかわれていました。

平地の農村では、冬はわら仕事をするのが一般的ですが、稲作農業の少ない山村ではこの仕事がなく、かわってカヤで炭俵を編んでいました。それでも量は少なく、若い人たちは村を離れて出稼ぎに行き、のこった老人や主婦によって俵編みと紙すきがおこなわれました。原料のカジノキはもともと野山に自生するものをつかっていましたが、焼畑の後に栽培もしました。不足する分は他村や他県から買い入れました。

できあがった紙は、色は黄色で丈夫で虫害に強く、昔は証文用紙には欠かすことのできないものでした。

〈出稼ぎ〉

雪の多い山村の冬は、労働力の余る時期です。そのため、男の人は働き場を村外に求めるのが習慣でした。男の人の第一の職場は鉱山でした。しかし、労働はすごくたいへんで五〇歳にもなると「よろけ病」になり、気力、体力ともに衰えて死んでしまう人が多かったそうです。

よろけ病とは、鉱山病の代表的なもので江戸時代には多くの人が患いました。炭坑や鉱山の中で働いている人に多く、掘っているときの細かい粉塵によっておこる珪肺《けいはい》とも呼ばれる病気です。

女の人は男の人に比べれば出稼ぎは少なかったものの、若い人は関西や中部地方の紡績会社で働いたといいます。

都市や平野部での仕事がふえていくのに対し、製炭業や養蚕業の衰退にともなって山村には仕事がなくなっていったため、村の外へ出て働く人が多くなりました。そのうえ、ときどき起きる災害のために、山村の人たちは出稼ぎからさらに一歩進めて離村の方向へと進んだのです。

町と村をつなぐ道

大野市内に行くにはバスを利用していました。大野市街から中島までの距離は、二四キロメートルで、バスで一時間以上かかりました。バス一台がぎりぎり通れる広さで、そのうえ、でこぼこした道だったので時間がかかったのです。

年によっては積雪のため、十一月の終わりには大野市との交通が遮断されました。雪のため、道が開くのが四月になる年もありました。

中島小・中学校
羽田光義『西谷村誌』西谷村誌編集委員会（1958年７月）17頁より転載

民家からはじまった学校

中島小学校は、明治八年（一八七五年）二月に民家を借りて授業をしたのがはじまりです。明治十年（一八七七年）十一月には巣原小学校が創設、十一年（一八七八年）十一月には秋生小学校が創設されました。明治三七年（一九〇四年）十月には熊河に、四〇年（一九〇七年）九月には温見にそれぞれ巣原校の分校が建てられました。さらに、昭和二二年（一九四七年）には、各校に中学校も併設されました。

昭和四〇年（一九六五年）、中島小学校の児童は二五五人、中学校の生徒は一三三人でした。また、巣原小学校の児童は二六人、中学校の生徒は三〇人でした。

昭和三八年（一九六三年）の豪雪と四〇年（一九六五年）の災害で児童・生徒数が減り、

巣原小・中学校は四一年（一九六六年）三月二三日、中島小・中学校も四四年（一九六九年）八月三一日で、それぞれ九〇年以上の校史を閉じました。

元村民の山本俊彦さんによると、村が栄えた頃でもスキー場がなかったので、子どもたちは木と木の間を滑ってスキーをしていました。そのため、みんなスキーが上手だったそうです。それでも、子どもたちは冬が嫌いでした。雪崩で人が亡くなったりするなどの災害も多かったからです。

学校の雪降ろしは中学二、三年生の仕事でした。仕事中に屋根から飛び降りて、よく怒られていました。雪が多い季節は、雪のため家から出ると子どもたちは歩けないほどでした。学校に行くときは、親が道をあけてくれたといいます。

山本さんが通っていた当時、学校ではヤギを飼っていて、子どもたちが世話をしていました。

山本俊彦さんの自宅にうかがい，当時のようすをお聞きしました

給料日には先生にミルクを売って、学業品を買うなどしていました。

ヤギが生まれるときには、授業を放ったらかしにして、みんなで赤ちゃんが出てくるのを見守っていました。授業を抜けても先生は怒りませんでした。夏休みは、当番を決めて一週間交代でヤギのエサにするための草を取りに行きました。

今とは違う食生活

当時の西谷村の食生活は、現代とは大きく違います。今は、スーパーマーケットに行けば、たいていの食材は買えます。しかし、西谷村に住んでいた人たちは、山や川から山菜や魚をとって食べていました。

山にはヒエ、アワ、ソバ、大豆、小豆などを栽培しました。さらに、ワラビ、ゼンマイ、ウド、ミズナ、フキ、フキノトウ、ヤマイモ、トチ、クルミなどの山菜や木の実などが食材として利用されました。

〈主食〉

おもな主食はヒエでした。ヒエは体によく、住民の髪がきれいだったのはヒエを食べていたからといわれています。ヒエは腹持ちもいいので重労働のときにもよく食べられました。長く保存ができるのもヒエのいいところです。ヒエは主食の一つですが、ご飯にはしないでキビなどと混ぜてお焼きとして食べました。
第二次世界大戦中、米の配給制度がはじまり主食が米に変わりました。それでも日常的には玄米を食べ、白米は、正月、盆、祭りなどのときでないと食べませんでした。

〈保存食〉

集落ごとに保存食が少しずつ違っていました。中島のおもな保存食はワラビ、フキ、ミズナ、ゼンマイ、ギボシなどです。フキ、ミズナは塩漬けにして保存し、ワラビは乾燥させて保存しました。タケノコも塩漬けにしましたが、長持ちはしないそうです。巣原では、ハクサイ、ナメコなどがおもな保存食でした。

〈肉類〉

肉類はおもに牛肉、豚肉、鳥肉、クマ肉、キジ肉、イノシシ肉などです。鹿もいましたが中島では食べませんでした。村にあった春日神社で信仰している神様のおつかいが鹿だからです。
昔、猟の名人が獲った鹿の角があまりに立派だったので、ある人がそれを買いとり、家に飾りました。それから、生まれて来たその家の赤ちゃんが馬鹿であったといういい伝えが西谷村にあります。ほかにも、「鹿の肉を食べたら体が腫れあがった」というのもありました。そのため、神様のつかいである鹿を大切にしていました。

クマの胆のうを乾かしたものは、漢方薬として、安くて三〇万円、高くて五〇万円で売れたそうです。

〈魚介類〉

イワシ、ニシン、サバ、カレイ（サバとカレイは冷凍もの）、土地ものでは、アユ、アマゴ、イワナ、アジメ、ウグイなどを食べていました。寿司はアユ、サバ、塩サケ、塩マスなどをつかってつくっていました。

温見、熊河、巣原の三つの集落では、身欠きニシン（干したニシン）をたくさん食べました。一食に四～五本も食べる人がいたそうです。

受け継がれる伝統

〈方言〉

西谷村は集落ごとで方言が少しずつ違いました。私たちが面白いと思った方言をいくつか紹介します。

「太陽」はオテントサマ（熊河・本戸）、オヒーサマ（各地）、コンニッアマ（上秋生・温見・中島・若生子）、ナマエサン（上野）、ナンナハン（上笹又・下笹又・奥巣原・下若生子）、ニチリンサマ（上秋生・下秋生・熊河・下若生子）、ニョライサマ（上笹又）といいます。「行きなさる」はイカッシャル（中島・本戸・上秋生・下秋生・小沢・上笹又・上野・羽付）、ユカッタ（奥巣原）、ユキメサッタ（奥巣原）、イキナハル（下笹又・中島・若生子）といいます。

〈扇踊り（御殿踊り）〉

昭和三九年（一九六四年）六月に、県の無形文化財に指定された「扇踊り」は、若生子に伝わる女性だけの踊りです。白い扇を右手にもって踊るのでこの名がつきました。源平の合戦に破れ、この地に逃れた平家の落人が、馴れない山野の開拓に疲れて、昔ぜいたくをしていた頃を思いながら踊ったものだといわれています。昭和に入ってから、服装（浴衣から紫の着物）、かぶりもの（手ぬぐいから編み笠）、手もちもの（扇から扇とハンカチ）、楽器（宮太鼓から子太鼓）など、服装やもちもの、つかわれる楽器などが変わっていきました。昭和四四年（一九六九年）八月二〇日、若生子小学校での解村式に、村人たちは湖底に沈

西谷村でつかわれていた方言の例

西谷村の方言	標準語	集落
デッチ	男の子	中島
メッサイ	女の子	〃
マンマ	ごはん	〃
オツケ	味噌汁	〃
クンサレ	～をください	〃
チッチボウ	じゃんけん	〃
モツケナイ	かわいそう	中島・温見
オソガイ	恐ろしい	中島・巣原
カタイカ？	元気？	温見
スイロ	お風呂	〃
クキ	漬物	〃

む村に名残りを惜しみながら、「扇踊り」を踊りました。現在は大野市篠座（しのくら）に保存会を置いています。

〈まさかど祭り〉

昭和三五年（一九六〇年）まで、旧暦一月三日（新暦では二月三日）に深い雪の中、温見でおこなわれてきた祭りです。温見のとなり集落の熊河や巣原の人たちも、まさかど祭り（一〇五頁参照）を見たことがないそうです。ちょうど、雪が積もって村が孤立状態のときにおこなわれるため、温見に住む人たちだけの行事として保存されてきたのです。

祭りは準備の行事もあって、事実上は二日の朝からはじまり、午前三時からにぎやかになりはじめました。一週間前からだれも四足動物の肉はいっさい食べないそうです。氏神

まさかど祭り
平野順治『西谷村　心に生きるふるさと』西谷村（1970年 3 月）より転載

の白山様は四足が嫌いであるといういい伝えがあるからです。

人が生まれたときは七日、人が亡くなったときには十四日、「不浄」といって祭りを延期しました。

〈太鼓踊り（平家踊り）〉

太鼓踊りは巣原に伝わる踊りです。太鼓を首からかけて、叩きながら音頭をとるのでこの名前がつきました。この踊りは昔、平家の落人から習ったという伝説があるため、平家踊りともいいます。昭和三七年（一九六二年）五月、県の無形文化財に指定されました。

おもに旧盆に、日暮れから深夜まで、首からかけた太鼓の音頭に合わせて、男女が一緒になって踊ります。男声と女声を交互に歌うのが特徴です。太鼓踊りには五種類の踊りがあります。「しりふり」「茶うす」「かごめし」「一つ返し」「二つ返し」です。「二つ返し」は、昔は踊られていましたが今は忘れられ、歌だけとなって書物などにのこっています。そのほかは、廃村となった今でも、元村民が大野市内を中心に踊りつづけています。

〈平家とは〉

祭りや伝統と直接は関係ありませんが、ここで、平家踊りを広めた「平家」について紹介したいと思います。中野俣や横倉、徳山村など、この本で紹介する村のほとんどが、この平家と関連があるとされています。その中でも西谷村は平家にかんする歴史がたくさんのこされています。

政治の実権をめぐる争いから、平治《へいじ》元年（一一五九年）「平治の乱」が起き、源氏と平氏が戦い、平氏が勝ちました。そのあと平清盛《たいらのきよもり》は、武士としてはじめて太政大臣になりました。平氏はとても栄えましたが、朝廷の政治を思うままに動かしたため、平氏のやりかたに不満を持つ人がふえました。そして、ついに反発が高まり、さまざまな地方から武士が兵をあげました。

中でも有名な源頼朝《みなもとのよりとも》は鎌倉を本拠地に、東国にいる武士を結集させました。そして、関東を支配下に入れたのち、弟の義経《よしつね》を派遣して、平氏を追い詰め寿永《じゅえい》四年（一一八五年）「壇《だん》ノ浦《うら》の戦い」で平氏を滅ぼしました。

西谷村は昔、戦いに敗れた平家の落人が住んでいたといわれています。もし、それが本当ならこの地が「村」になったのは、落人が住んでいたからなのです。

森林地帯の、小沢と巣原には平家が住んでいたとされる場所があります。今でも、陶器や土器の破片が出てきます。見晴しがいいうえに、隠れ穴のための大きな洞窟もありました。山菜や木の実の宝庫で、地形的にはやや平坦で、山腹を整地して居住していました。あちこちから集まった同族たちで、最盛時には八〇戸もありました。そのため、平家の落人の里として一目置かれているところです。

ここで、いくつか西谷村に伝わる話を紹介しましょう。あくまで伝説ですので、史実かどうか、はっきりしない内容も多いかと思います。

一、小沢の伝説では、巣原に平家の本拠があり、温見にはその分派が、小沢にはそのまた分派が来たといわれています。

二、また別の小沢の伝説によると、平将門《たいらのまさかど》は、生きのびて温見にいましたが、敵に攻められ、小沢へ逃げました。そしてここで、平将門とその仲間の七人が殺されました。そのとき、将門の首は温見に運ばれ、胴だけが小沢にのこされました。七人の死体が埋められたところを七人塚といいます。ただし、今は塚の形はのこっていません。ただ地名があるだけです。

三、温見の伝説によると、平将門は冠山《かんむりやま》の戦いに敗れて、小沢から温見に逃れました。そして、温見を切り開きました。平将門には二人の子どもがいました。兄は温見に、弟は小沢にとどまりました。

ある年の一月二日、平将門は年のはじめに小沢へ行って、そこで死にました。平将門の死体をどこに葬るかで兄弟がいい争いをしました。弟は、「小沢で死んだのだから小沢に埋める」といいましたが、兄は「ただ年のはじめに顔を出しにいっただけではないか」といいはりました。兄が、平将門の死体を布団にくるんで、小沢から山を越えて引っ張りあげました。しかし、ひどい雪でどうにもならないので、死体を二つに切り、首を温見にもって帰り、胴は小沢へ渡しました。胴を切ったところを「胴の平」といいます。

四、巣原の平家集落についてもいい伝えがあります。

『真名川流域の民俗』（真名川流域民俗調査団、福井県教育委員会、昭和四三年三月三〇日）という本によると、ある年の冬、平家集落から正月用品を買いそろえるために男たちがそろって出かけました。鎌倉峠を越えて池田村（今の池田町）の誠徳寺《じょうとくじ》へ行く途中、あわ（雪崩）によって鎌谷川に落ち、全員が亡くなりました。その場所を「平家が淵」といいます。

『わたしの〝源平〟歩き』（福岡昭子、児玉印刷株式会社、平成二四年一月二七日）という本に、同じような内容ですが少し違った話が書かれているので、こちらも紹介します。

年代は不明ですが、池田の誠徳寺へ正月用の買い出しに出かけた村の男たちが、池田に通じる巣原峠の釜と呼ばれる雪の穴に落ちました。のこされた女と子どもだけでは生活できず、山をおりたので廃村になったと伝わっています。

なぜ、町の中心から遠く離れた山奥に人々が住み続けていたのでしょうか。調べていて私たちは疑問に思っていました。その理由の一つは、戦いに敗れ、山奥に隠れながら生活していた人々が、村をはじめたからかもしれません。

町よりも自然は豊かですが、苦労したところもいっぱいあったと思います。しかし、山深い土地に住んでいるからこそよかったこともたくさんあったと思います。そのため、長いあいだ、その地に人々が住み続け、村が栄えたのではないでしょうか。

〈民謡〉

真名川流域の民謡は、大きく分けて踊り歌、祝い歌、作業歌、わらべ歌の四種類に分けられます。

踊り歌には、特定の村だけで歌われるものと、真名川流域の各村で歌われているものがあります。短い歌詞のもの（大抵は七七七五の四句）を一口歌といい、長い歌詞のものを口説《くどき》といいます。祝い歌は、棟上げや嫁どりなどの祝儀の酒もりの席で歌われていたそうです。作業歌は労働歌ともいい、農業、家内工業、鉱山などの労働のときに歌われ、歌にあわせて作業をしました。わらべ歌は、昔から子どもたちに歌い継がれてきた歌です。

3　廃村

村を去っていく人たち

西谷村では昭和三〇年（一九五五年）頃からだんだん人口が減っていました。しかし、本格的に「過疎」ということばが村民の間に出てきたのは、昭和四〇年（一九六五年）頃だといいます。

〈卒業生の進路〉

『西谷村誌』（吉田森、福井県大野市西谷村、昭和四五年十月）を参考に、巣原小学校の卒業生の進路を見ると、昭和三〇年（一九五五年）年頃は卒業生二四人のうち進学七人、就職三人、家業家事十四人で、西谷村から出て行く人は進学と就職の合わせて十人でした。村を出る人が四一・七パーセントで、村にとどまる人のほうが多くいました。それに対し、六年後の昭和三六年（一九六一年）には十三人のうち進学二人、就職九人、家業家事二人でした。この年の進学者は村にとどまって通学したと考えられますが、村から出て行く人は九人で、七〇パーセントの卒業生は西谷村の外に移住していったのです。翌年からも多くの子どもが村を出て行きました。

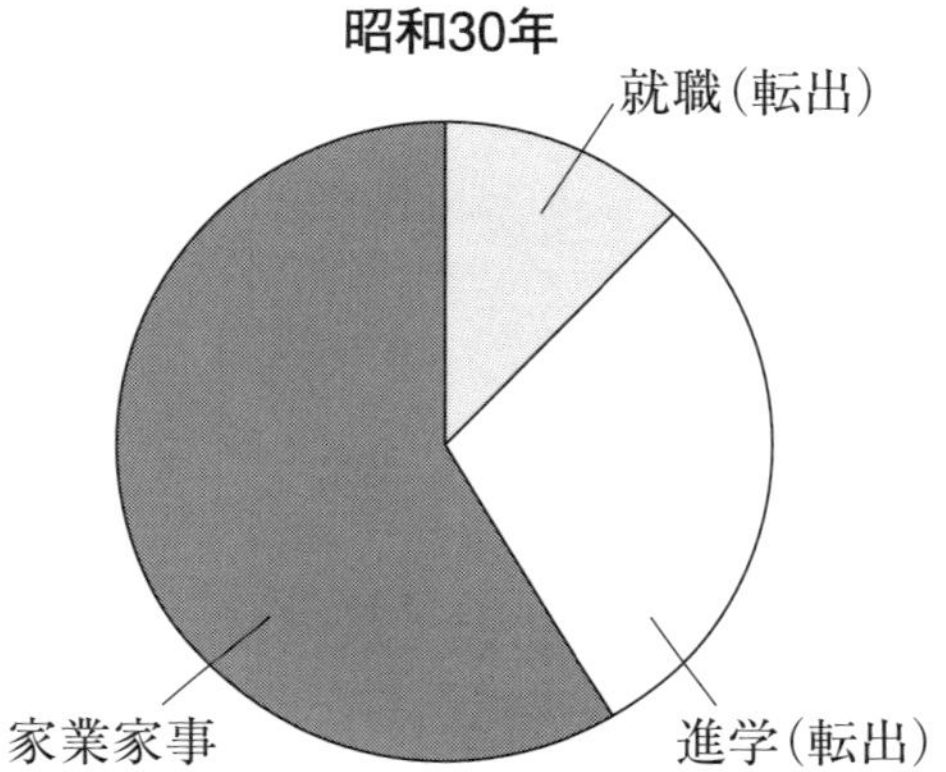

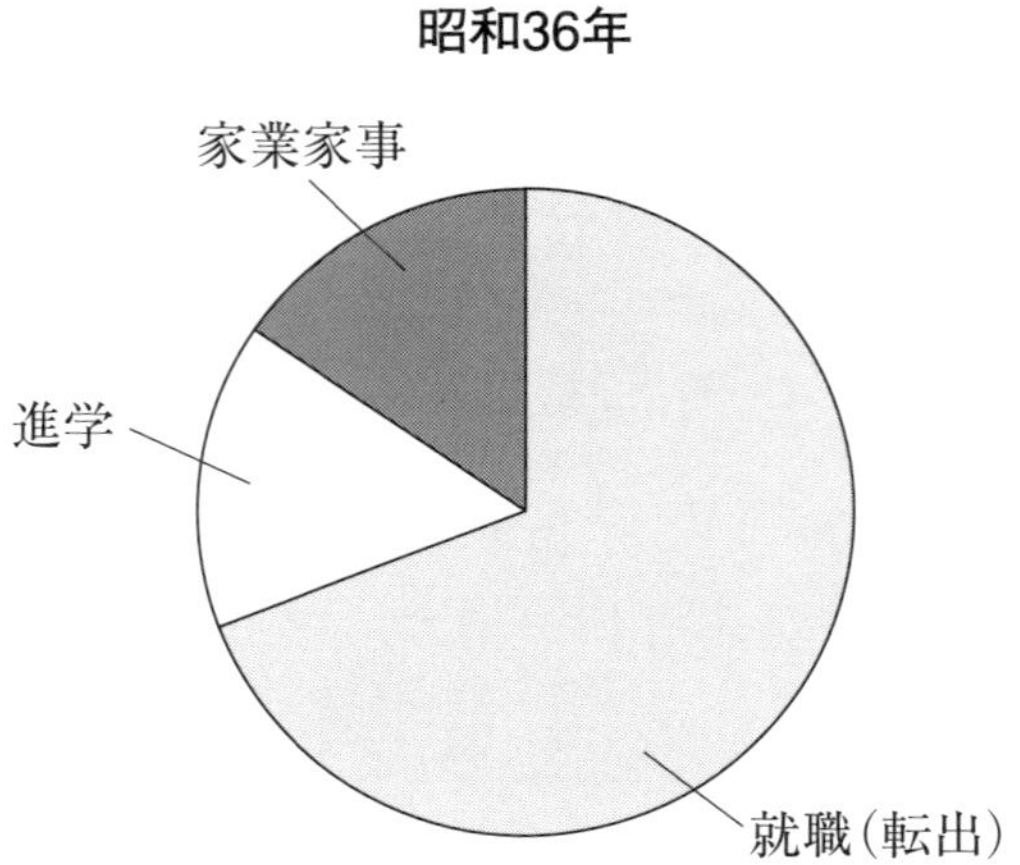

巣原校の卒業生の進路
吉田森『西谷村誌』福井県大野市西谷村（昭和45年10月）のデータをもとに作成

〈職業〉

当時の西谷村には、若い人にとってあまり魅力のある職業がなかったといいます。それも若い人たちが都市へと移転していく大きな原因だったそうです。

中島や上笹又は、林業のほかにも役場などの就職先がありました。しかし、巣原、熊河、温見で暮らす人々にとって、通うだけで大変な役場での就職は簡単ではありませんでした。林業などの仕事より役場や会社に勤めたいと、街へ移住していく若者が多くいました。その結果、若者が減り、高齢の人たちが村にのこされ、高齢化社会になっていきました。

〈くらしの違い〉

中島、上笹又などは村の中心にあるため人口が多く、役場、農業協同組合、公民館、郵便局、商店、病院、学校があり、冬でも生活が比較的、豊かでした。けれども、巣原、熊河、温見などの集落はバスも通りませんでした。手紙を出しに行くのにも、組合の集まりに行くのにも何時間も歩きました。病院も中島にしかないため、けがや病気になっても長い距離を歩かなくてはなりませんでした。そのうえ冬になると交通が遮断されるので、治療してもらうことはできませんでした。冬だけでなく、夏も風水害が起きると交通が遮断されてしまいました。中心の集落の人たちには想像もつかないような生活を送っていたそうです。

村の中心でも過疎は進んでいましたが、それ以上に村のはずれにある集落の人口が減り、西谷村の中でも利便性や、人口の差がひらいてきていました。

〈西谷村広報に寄せられたことば〉

西谷村広報は昭和三〇年（一九五五年）に西谷村公民館が第一号を発行し、昭和三七年（一九六二年）からは西谷村役場総務課が発刊をしていました。昭和四〇年九月に載せられたコラムの一部を、離村するのか村にとどまるのかについて考える村民の気持ちを知るために紹介したいと思います。

「留村か、離村かこのところ毎日いろいろと話題になっている。これから生活するのに村にのこっていたほうがよいか、離村したほうがよいかは、その人の心がまえや運、不運等により、どちらともいえないでしょう。離村はしたくないがみんなするから仕方なくする。村にのこっていても生活できないことはないが、何となく今後の生活が不安で仕方がない。この際思い切って都会で何かの職に就いたほうがよいと思う若者もいるでしょう。それぞれ理由はいろいろとあるでしょうが、いずれにしても生活はあまり楽でなく、苦労しなくてはいけないことぐらいはみんな知っている。同じ苦労するのでしたら都会でという方もいるでしょう。

西谷村がよいか、都会がよいかは一長一短でどちらともいえない。都会であれば一歩出ればお金である。夏は暑く、扇風機の一台や冷蔵庫の一台ぐらいは絶対に必要でしょう。夜は早く寝られない。しかし、冬は西谷のようなことはない。雪は少ない。仕事もある。魚も新鮮なものが食べられる。娯楽もいろいろある。このように書き出したらきりがない。結局はその人の心のもちかたでしょう。

働かねばならない。
その為には病気であってはならない。
どこで生活しても、毎日が愉快で楽しい日であればそれにこしたことはないのだが？」

自然災害と村のくらし

西谷村では豪雪、洪水などの災害が何度も起こりました。雪のために不安な生活が続いた、洪水で家が流されてしまったなど、災害が起きると村民たちの多くは不安を感じ、村を出て行くようになっていきました。

昭和三八年（一九六三年）には三八豪雪の影響で熊河、温見集落から離村する人がふえ、村全体の人口が減りました。

昭和三二年（一九五七年）十一月十五日、県営中島発電所建設にともなう笹生川ダム建設のため、小沢、下秋生、上秋生の三集落が湖底に沈みました。さらに、昭和四〇年（一九六五年）九月に起こった四〇・九風水害の後、一時は復興の動きがあったものの、二度と同じような被害にあわないように建設省が出した真名川防災ダム建設計画によって中島、下笹又、上笹又、本戸が湖底に沈むことになりました。そして、ついに昭和四五年（一九七〇年）、西谷村は大野市に編入されました。西谷村を廃村においやったのは仕事の問題だけではなかったのです。ここで、西谷村における自然災害を詳しく見ていきたいと思います。

〈西谷村の雪害〉

西谷村では、冬になるとバンバという柄の長い羽子板のような道具をつかって、家の屋根の雪下ろしをしたそうです。もっとも、昔の家は柱が大きく、太かったので、雪でつぶされることはめったにありませんでした。

十二月になると雪が降り、三月末までは雪が消えないため、神社の屋根や学校までの道のりは、みんなで手分けして雪かきをしたそうです。

第一、二章でも紹介した三八豪雪のときは、西谷村の中でも被害が大きかった集落は、巣原、熊河、温見です。当時の記録によると、中島集落付近では積雪量が二～三メートルだったのに対し、巣原、熊河、温見では三～四メートルとかなり多かったようです。

三〇日以上降り続いた雪で、二階建ての家がすっぽりと雪の中に入ってしまい、例年以上に屋根の雪下ろしをしなくてはなりませんでした。ただ、家の屋根より積もった雪のほうが高いので、雪下ろしというよりも、雪を上にほうりあげなければならなかったそうです。

そして、雪によって道が閉ざされたため、村民は孤立した生活を送らなければなりませんでした。食糧の調達が困難なため、保存食しか食べるものがありませんでした。また、郵便物は届かない、電話はつながらない、停電が起きるなど、市内との交流が遮断されました。しかも、道がつかえないため病気やけがをしても医者に見てもらえないという状態でした。

二月八日にやっと自衛隊のヘリコプターが各集落に食糧や医薬品、ラジオなどを投下しました。春になっても学校の校庭には一メートル五〇～八〇センチの雪がのこっていました。雪がとけてなくなっても、ところどころに発生した雪崩によって、木々は倒れ、道路もえぐられていたといいます。

〈離村の決定〉

こうした三八豪雪の被害にあい、熊河集落の住民たちは西谷村に住むことに大きな不安を感じました。この雪の影響で、昭和三八年（一九六三年）末には六軒が村を離れていきました。そのあと、のこった住民たちもだんだんと村を去り、昭和三九年（一九六四年）には、熊河集落の住民全員が離村しました。これにともなって、熊河集落ほどは離村の意思は強くなかったものの、温見集落でも離村する人がふえました。熊河集落が離村してしまうと、西谷村の中でも孤立してしまうためでした。

この二つの集落以外にも、西谷村でくらすことに不安を感じて離村していった村民はたくさんいました。

歴史を変えた風水害

西谷村があった真名川流域は昔からとても水害が起こりやすい場所でした。大正元年（一九一二年）、昭和十年（一九三五年）にも大きな洪水が発生しています。

昭和四〇年（一九六五年）九月、台風二三号によって全国的にたくさんの被害がでました。西日本を中心にたくさんの雨が降り、死者、行方不明者は一〇七人に上りました。大雨に加え、風もとても

40・9風水害での被害
吉田森『西谷村誌』福井県大野市西谷村（昭和45年10月）のデータをもとに作成

被害内容	西谷村	大野市	勝山市
死者	2人	2人	6人
負傷者	1人	13人	6人
家屋の全壊	283戸	50戸	46戸
家屋の半壊	85戸	618戸	156戸
家屋の浸水	67戸	1,694戸	1,501戸
公共建物	9棟	43棟	2棟

強く、期間内の最大風速は秒速十～二〇メートルにもなりました。

そしてこれが、真名川流域の歴史を大きく転換させる大災害になりました。

九月八日から十一日までの四日間で一一一九ミリの雨が降り、地盤が緩んだところ、十四日の朝九時頃から翌十五日午後九時の三六時間に一〇四七ミリという記録的豪雨が西谷村を襲いました。本戸での一時間の最大雨量は八九ミリにまで達しました。当時、西谷村に住んでいた山本俊彦さんによると「傘が破れるかと思うぐらいの大雨だった」そうです。そして、中島では笹生川の水があふれ氾濫したところへ山崩れ、土砂崩れが続出して川の流れをせき止めました。そのせき止められた水が一気に流れ出し、一瞬にして一七一戸が押し流されるという一大惨事になりました。そのとき、村民はみんなで山の上の神社に避難していて、神社の中で自分たちの家が崩れていく音を聞いたそうです。十四日の夜は一晩中、雨音と家が崩れる音が止まらず、村人の中には一睡もできなかった人もいました。

当時、中島小学校に通っていた小学六年生の山下茉紀子さんの作文が『災害の発掘―風化する被災体験を求めて―』(福井県、昭和四二年)という本に載せられていました。

かわりはてた村

すごい土砂の山。
こんな所が私達の村だろうか。
四方の谷々は大あばれにあばれ、
とんでもない土砂の山を築いた。
屋根だけが残っている家。
こわされて、あおむけになっている自動車。
土砂にうまって、らんかんだけを見せている橋。
道路なんてあとかたもない。
何がなんだかけんとうもつかない。
よくも、こんなひどいことをしたもんだ。
村をひっくりかえす、すごい雨の「力」。
その力は、ばか「力」とやじってやりたい。
これから先、どうなるんだろう。

村の復興なんて、おとな達は言っているが。
はたして、できるのだろうか。
でも、その言葉を信じたい。

この詩を読むと、水害が村民の心に与えた傷がとても深いものだと思い知らされます。さらに、子どもも村の将来について考え、不安になりながらも復興を信じていたのだと知ることができました。

〈救助活動と水害からの復興〉

村人は、いったんは神社に避難しましたが、ひどい雨が続くため、大ダラ山に登りしばらくテントで過ごしました。雨が落ち着き、集落に戻ると、家々は土砂に埋没し、ほとんどの家が流出して跡形もない状況でした。

土砂などの影響で孤立状態になっていた西谷村に、自衛隊がロウソクや米を空輸して、十五日の午後三時頃に投下しました。十六日には県警・陸上自衛隊からなる三一名の救援部隊が西谷村に到着し、救援物資などを届けました。また、警察無線基地が開設されて村外との連絡がとれるようになりました。

あまりにひどい惨状で、山本満村長は「西谷村の歴史は終わった」と口にしたそうです。

そして十六日の午後から十七日にかけてヘリコプターで病人、けが人、小学生、中学生女子の一七

救援物資を輸送する自衛隊
吉田森『西谷村誌　上』福井県大野市西谷村（昭和45年10月）733頁より転載

〇人あまりを空輸しました。しかし、台風二四号が近づき、再び真名川が増水しはじめて危険がまし、強い風雨のために空輸は中止されました。学校職員、中学生など約九〇人は自分たちで笹又峠を越えて西谷村を脱出しました。村にのこった住人は強い風雨によって、裏山の崩れる音を聞きながら不安な時間を過ごしました。

九月二〇日までに、ヘリコプターで四八二名が大野市内の明源寺、善導寺、浄勝寺、長勝寺、母子寮（現在の母子生活支援施設）の五ヵ所に避難しました。村人はみんな、着の身着のままの姿でした。避難してからも、災害があったときのことにおびえる苦しい日々が続いたそうです。現地にとどまる住民たちには、救援物資として生活必需品が届けられていました。

西谷村役場の事務は、庁舎が災害にあってマヒ状態となりました。そこで県は県職員三名を派遣し、大野県税事務所の二階に西谷村役場大野出張所を開設して役場の事務をおこないました。中島小・中学校は、大野市内の小・中学校の教室を借りて授業を再開しました。有終西小学校では小学一年から三年まで三五名、有終南小学校では小学四年生から六年生まで四一名、有終中学校では中学生六〇名が授業を受けました。

水害後も、中島小・中学校の保護者のほとんどは西谷村にのこっていたため、親元を離れた小・中学生は避難先の寺に宿泊し、教員も二つの寺に分かれて集団生活を送りました。教員は災害以来の疲れた体を休めるひまもなく、子どもたちの慣れない集団生活の世話までするという状態でした。子どもたちも、勉強をするにしても、教科書や学用品のほとんどが家とともに流出してしまい、なかなか手

災害後の西谷村中島（山本俊彦さん提供）

につかなかったそうです。

〈巣原集落の離村〉

巣原集落では、昭和四〇年（一九六五年）に十二戸の離村が予定されていました。その矢先、四〇・九風水害にあって交通機関が途絶したため、まったくの孤立状態になってしまいました。風水害の影響で上笹又や中島など、村の中心地の人々が村を離れてしまい、奥地の無医村としてとりのこされてしまったのです。日用品さえ三〇キロメートルも離れた大野市内まで買いに行かなくてはならない状態でした。

もともと、毎年多くの雪が降って交通が途絶し、郵便が何週間も来ないことがたびたびありました。また、巣原集落は地すべり地帯に位置し、明治二四年（一八九一年）の濃尾地震のときには、一年間に約二・四メートル地面が沈下したといいます。その後は小康状態でしたが、昭和二三年（一九四八年）の福井地震によって再び活動をはじめました。

風水害と地すべりという二つの災害のほかにも、巣原の人々は村での生活に不安を感じていました。奥地の温見や熊河が豪雪のため離村し、西谷村の奥地にのこった巣原は孤立集落となってしまっていました。そのうえ、上笹又や中島集落が大きな災害を受け、多くの村民が大野市に避難した結果、村にとりのこされてしまったのです。

留村を希望した村民もいましたが、多くの人々は、子どもの教育のことを考えて離村を決意したといいます。巣原小学校は昭和四一年（一九六六年）三月二三日、廃校式をおこない、九二年の歴史に幕を閉じました。

〈村の再建に向けて〉

このように一部の集落では、住民が移住を決めて村を離れましたが、多くの人々は村の復興をめざしました。

風水害の発生から、わずか十日後の九月二四日には西谷村議会が開かれ、村の再建について話し合われました。九月二八日の定例県議会には山本村長も出席し、災害に対する県の救助活動に感謝し、その中で「西谷村は必ず再建する」と決意を述べました。北栄造福井県知事も「西谷村は再建を基本に復旧対策を立てる」と表明しました。

災害の被災者救済のために、大野市の下裾（しもしがらみ）に仮設住宅一四二戸が建設され、十月二三日に完成して五一九人が入居しました。中には、保育所や共同入浴場が設置されました。また、全国各地から救援物資がたくさん届き、ひとまず安定した生活が送れるようになりました。

大野から中島に至る県道は昼夜を通して復旧工事がおこなわれ、十月十四日には仮設道路が完成しました。小型自動車の通行が可能になって、復旧資材や越冬物資の輸送ができるようになりました。

それまで、県は「西谷村災害対策本部」を設置していましたが、十月二五日に、西谷村中島に「西谷村事務所」が設置され、災害の復興をあとおしすることになりました。

十月二七日、県と村から西谷村の再建構想が出されました。基本構想は、全面的に復旧をする。点在する集落は、この際できるだけ集中させて、新しい近代的集落（仮称西谷ニュータウン）を笹又山に建設する、というものでした。さらに、それでも離村を希望するという一部の住民には移住補償ができるように特別立法を考えたいということでした。

しかも、すべての復旧事業について「激甚災害法」を適用して、国の補助が受けられるようにしました。その後、西谷村民大会を開いて再建計画の確認がおこなわれ、村は再建に向けて動きはじめました。

ダム建設

〈笹生川ダム・雲川ダム〉

四〇・九風水害の以前にも、西谷村では台風や集中豪雨がたびたび発生していました。被害を修復しているあいだにまた次の水害が起きてしまい、修復がおいつかないほどでした。そこで、昭和二五年（一九五〇年）に「真名川総合開発事業」がとりあげられ、笹生川ダム・雲川ダムの建設計画がはじまりました。

ダムの建設予定地は上秋生（かみあきゅう）、下秋生（しもあきゅう）、小沢の集落がある場所でした。つまり、これらの集落が水没することになります。各集落はとつぜん知らされたダム建設に動揺し、不安に襲われました。その頃の話題といえばダム建設のことばかりだったそうです。

その後、山本満村長は上秋生、下秋生、小沢の住民たちを集めて、昭和二七年（一九五二年）二月五日に「三部落民住民大会」を秋生小・中学校で開きました。ここでダムについて話し合い、ダム建設における条件を提示したのです。昭和二七年（一九五二年）四月二一、二二日に福井県知事たちが水没してしまう集落の住民に、ダム建設の理由や、ダムのメリットなどを詳しく説明しました。ダムのメリットは、豪雨や雪解け水などが原因でおきる洪水から市民たちを守ること、農業につかう水が足りなくなった場合に水を分けるなど水の調節をすることでした。その後、地質調査もおこなわれ、ダム建設計画は着々と進んでいきました。笹生川ダムは、昭和三〇年（一九五五年）四月から工事が開始され、昭和三二年（一九五七年）七月に貯水を開始しました。雲川ダムは、昭和三〇年（一九五五年）三月二二日に工事がはじ

以前は村があったダムの周辺を歩いて回りました

まりました。また、この両ダムとともに、中島発電所という発電施設も建設されました。

もう一つ、このダム建設のために水没の対象にされた集落があります。笹生川ダムのすぐそばにある、人口四一人（十戸）の小さな集落の本戸です。本戸はダム建設予定地となった三つの集落と交流がさかんで、強いつながりがありました。本戸は小沢に近接しているのですが、下秋生の出村であるといわれています。

本戸の集落自体は、水没はしないものの、所有土地や山林の大半が水没し、教育的、経済的、または精神的に見て、たとえのこったとしても一集落のみでは生活できない状態にありました。そのため、水没集落とされ、本戸も補償の対象になったのです。

〈真名川ダム〉

そして昭和四〇年（一九六五年）九月に、先にもとりあげた「奥越豪雨」とも呼ばれる大きな風水害がありました。この大雨により、真名川流域、九頭竜川流域の各所で被害が発生しました。とくに真名川上流の西谷村では、山崩れによる土砂が流出し、多くの家が流されるなど、大きな被害にあいました。

真名川は、福井県最大の川でもある九頭竜川の支流です。越美山地から流れ出した雲川と笹生川が、西谷村の中島で合流し真名川となり、勝山市下荒井で九頭竜川に合流しています。この九頭竜川流域は多雨多雪地帯で、たとえば養老元年（七一七年）に大洪水が起きた記録がのこされているなど、昔

現在の真名川ダム周辺は人の気配がありませんでした

から大きな水害に見舞われています。
そしてこの四〇・九風水害をきっかけに、洪水から人々を守るために、真名川ダムの建設が大きく進められました。
真名川ダムの役割も、笹生川ダムと同じで、水の量を調節することです。洪水のときに、あけておいたダムに降った雨を貯め込み、下流へ一定の水を流すのです。そのため、真名川ダムは下流の大野市や福井市を洪水から守るために計画されたともいわれています。

〈村との別れ〉

西谷村では、四〇・九風水害のあと、村の再建計画が着々と進んでいました。しかし、建設省は真名川ダムの建設計画を本格的に進めていました。そして、このダムによって村の一部が水没することが明らかになりました。そのため、先に紹介した笹又山の西谷ニュータウン計画は昭和四一年（一九六六年）六月四日に中止されました。その後、村議会は、一部の集落が水没する状況では、村の再建は難しいと判断しました。そして、水没しない地域も含めてなるべく十分な補償を受けられるように交渉をし、全住民が離村することに決まりました。

建設省は村民の意思も尊重しました。たとえば、西谷住民の生活を安定させるために、昭和四二年（一九六七年）四月から、一時的に中島小学校が再開されました。さらに、集団住宅建設などの移住補償および水没補償、移住後の仕事の補償、職業訓練、生活補償なども受けられるようにしました。また同年の三月から取り壊しのはじまった仮設住宅に変わって、新しく村営住宅が建設されました。同年三月に仮住宅が完成し、十月三〇日から入居がはじまりました。そして、十一月十日には西谷住民団地の落成式もおこなわれました。

このように、住民の村を離れる動きが進み、昭和四五年（一九七〇年）に、西谷村は大野市と合併することになりました。また、それに先駆けて解村式が大野市民会館で開かれました。西谷村民およそ五〇〇人と来賓一〇〇人が出席して、「ふるさと」に名残りを惜しみました。

村長の山本満さんは、長い歴史を振り返りながら「昭和四〇年九月の集中豪雨の際には大野市をはじめ、国や県、全国のみなさんからあたたかい励ましを受け感謝しています。村民一丸となって再建を決意したが、ダム建設で進路が変わりました。補償交渉も村民の団結と関係当局のご理解のもと、前例のないほど早く妥結。これでふるさとともお別れですが、今後も誠実を信条として強く、正しく生きてください」と最後の式辞を述べました。

来賓の人たちもそれぞれ別れと励ましのことばを贈りました。大野市長の寺島利鏡さんは「ふるさとに別れを告げられることはご同情に湛えません。七月一日には村民の大部分の方が大野市民となられ、豊富な山林、鉱物、観光資源を引き継ぐことになります。今後の開発の方法は、みなさんと共に考え最善の努力をいたします。これからも郷土の美しい自然の心を心としてがんばってください」とあいさつしました。

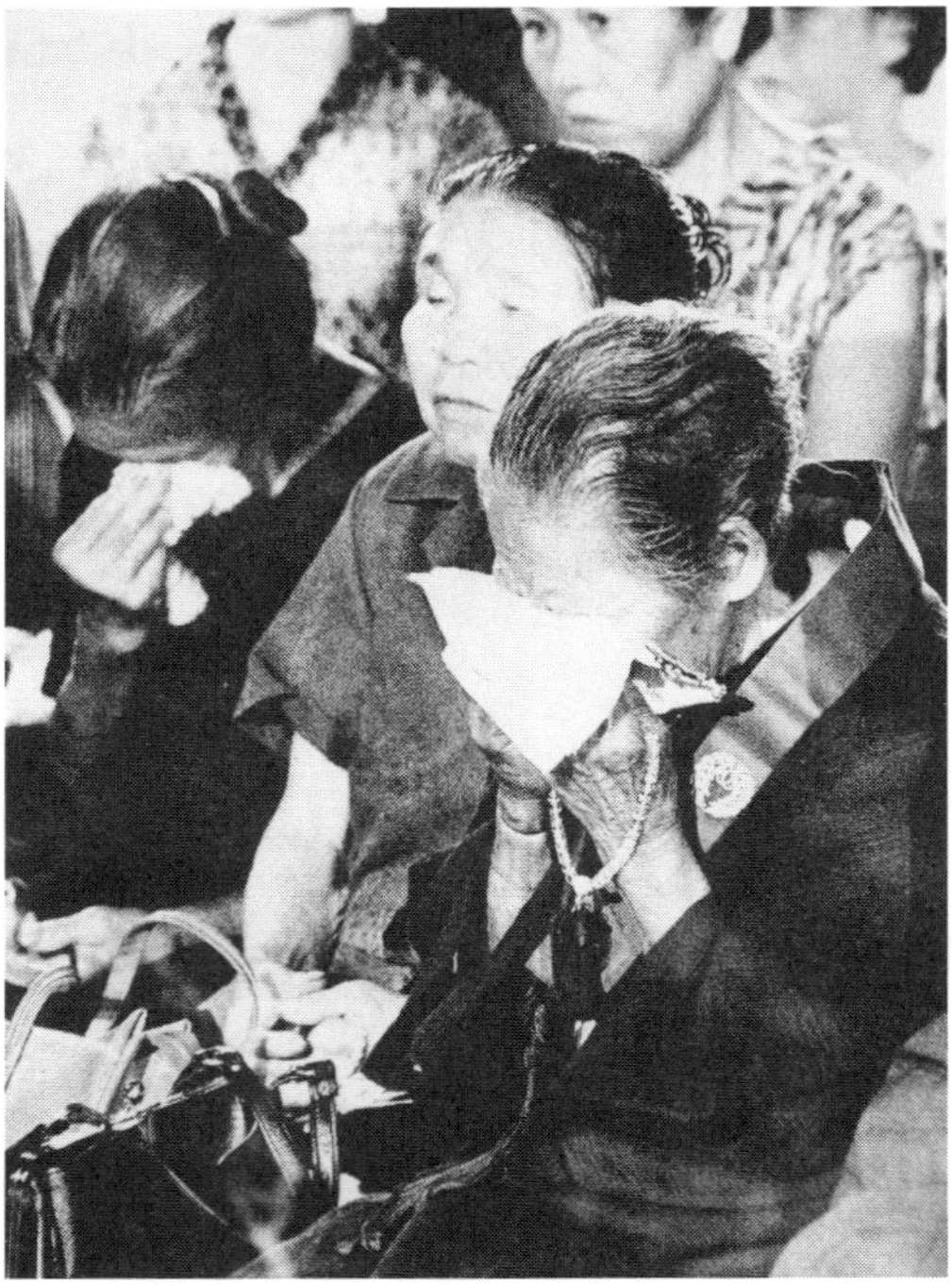

離村に先立って,「先祖に対して申し訳ない」と涙をぬぐって法要する村民たち
平野順治『西谷村　心に生きるふるさと』西谷村（1970年 3 月）より転載

そして、村の発展に功労のあった元村長の秋田稔さん、この本でも参考にしている『西谷村誌』の編集に力を尽くした吉田森さんらの表彰がありました。最後に木下村議長が「関係方面のご援助に感謝します。ありし日の村を思うとき、断腸の思いです。これからも善良な市民、県民となるよ

真名川ダム建設による移住先
吉田森『西谷村誌』福井県大野市西谷村（昭和45年10月）のデータをもとに作成

移住先			
市町村名（県内）	世帯数	都道府県名（県外）	世帯数
大野市	153	愛知県	14
福井市	26	岐阜県	2
武生市	3	大阪府	2
敦賀市	3	兵庫県	2
鯖江市	3	石川県	2
金津市	1	神奈川県	1
		和歌山県	1
		京都府	1
		東京都	1
	計189世帯		計26世帯

うに……」とあいさつがあり式典を閉じました。

離村後

福井県の職業安定課の調査によると、西谷村の人々の移住先は、県内が一八九世帯で、そのうちの八割以上が大野市内に移住し、次に福井市が二六世帯となっています。県外では二六世帯のうち半数以上の十四世帯が愛知県に移住しています。

次に就職先ですが、大野市に移住した二三一人のうち一〇一人が建設業につきました。次が繊維業で三〇人、次に公務十五人となっています。県外でも繊維、建設業に就職する人が多かったようです。

4　その後

石にしてのこした村への思い

現在、西谷村の各集落の跡地には故郷の碑という記念碑があります。私たちが村の跡地を訪ねたときにも、一つずつ、記念碑に書かれたことばを読んでまわりました。

〈中島の故郷の碑〉

「中島部落の発祥は縄文石器時代狩猟の民を元祖として漸次集落化され、鎌倉南北朝時代より地の利を得て急速に発展、信仰の中心として安養寺の建立、永禄元年春日神社を祀るなど爾来星霜幾百年西谷村産業経済政治文化の中心地として栄えた平和郷であったが、

温見集落の記念碑「ふるさとの跡」

村内には，まだ人がつかっている家や畑がたくさんありました（写真は温見集落）

昭和四十年九月十四日、壱千数十粍の集中豪雨はたった僅か一夜にして部落全域を廃墟と化し、総戸数の八割に及ぶ百余戸を流出埋没し、部落内に流入した堆積土砂は丈余に達した。

而るに健気な住民は之に屈せず、全国民の善意と激励により、ひたすら再建復興を誓って泥沼の中から雄々しく立ち上がり明日への希望に託したが、これを因として、国は下流防災のため真名川ダムの建設となり、被災に重ねて水没の悲運にあう。

先祖の血汗で築かれた想い出つきない美しの山河を湖底とし、断腸の思いで第二のふるさとを求めて移住する。誰か惜別の情禁じ難く茲にお互いの幸せを念じ、悲涙をこめて碑を建立し、在住者の名を彫み、永遠に故郷を偲ぶ。」

帰りたくなるふるさと

西谷村から住人がいなくなって四〇年以上が経ちますが、現在でも春から秋にかけて村に帰ってきている人もいます。

私たちも村の跡地をめぐりましたが、家が何軒もあり、畑をしている人もいました。家に山水がひかれていたりカカシが立っていたりと、生活感にあふれていて、廃村になったとはとても思えませんでした。

お話をうかがった山本さんも、中島に別荘を建てて、冬期間以外は、一ヵ月に十日以上は通っているそうです。畑をしたり薪を山から伐ってきたり山菜をとりに行ったりしているそうです。「全然、退屈しない」といっておられました。

つい最近まで、西谷村に住んでいた人の集まりがありました。今でも、集落ごとの集まりがあるそうです。中島の人たちは、「中島小・中学校同窓会」として一年に一回集まって、どこかの温泉で交流しています。

元村民の方たちは若くても七〇歳くらいで、このように集まる機会は少しずつ減ってきているようです。それでもいまだに、同窓会や集いの会があります。

村がなくなってから、何年たっても元村民の交流は続いているのです。集まって、当時の話でもりあがったり、懐かしんだりしたいのだなと思いました。また、冬期以外、西谷村に定期的に通うのは、やっぱりふるさとが恋しいのかなと感じました。

5　西谷村について考える

「四〇・九風水害がきっかけで、真名川ダムをつくることになった」と多くの本やホームページに書かれていました。そこで、ダムをつくった理由が、本当に四〇・九風水害があったからなのか調べてみましたが、結局わかりませんでした。私たちが調べた本やホームページでは、書いてある内容が違ったり、経緯の一部分しか書かれていなかったりするからです。「中島の被害が大きかったため、真名川流域で洪水調節をするため」、「九頭竜ダムが建設中だったため、真名川にもダム計画の話が来た」、「勝山市、福井市、三国町、武生市、鯖江市、大野市などを洪水から防御するため、上流部に真名川ダムなどの多目的ダムを建設して

村の問題について何度も話し合いました

洪水調節をおこない、下流の洪水を軽減する」などのように書かれています。それ以前からダム計画があった点を考えると、もしかしたら四〇・九風水害があったからダムをつくろうと決まったのではないかもしれません。別の理由があったのかもしれません。そう考えていくと、本当は市民のためにつくられたダムではないのかもしれないと思いました。

真名川ダムは、水力発電、不特定利水、洪水調節のためにつくられた多目的ダムです。下流の町に、洪水による被害を出さないためというのが、ダムをつくった理由の一つなのは確かかもしれません。だとすれば、少なくとも西谷村にダムをつくれば、下の村や町の人々は守られます。けれど、西谷村にはもう人が住めなくなり、村民はほかの地域で暮らしていかなければいけません。

「村の水没のかわりに補償金を支払う」といわれても、それまで暮らしてきた村を簡単に離れられる人はいないと思います。しかし、最終的に西谷村の住民は離村しました。村の人たちはどのような思いで離村したのでしょうか。お話を聞かせていただいた山本さんのことばを紹介します。

「村の復興がうまくいっていないときに真名川ダム建設の話が出て、ダムを建てれば補償金もあげるよといわれた。それで、村のみんなでどうしようかという話をした。絶対この村から出ないという人もいたけど、大半の人はこのままでは生活もままならないし、村を出ようといっていた。」

「村を出よう」といった人も「お金がもらえるならこの村から出ていきたい」という思いではなかったと思います。きっと村を出るという決意を固めるのに時間がかかったと思います。

それでも村を出なければならなかった理由は、山の中にある村の生活にもあったかもしれません。

雪や洪水の被害が多かったり、道が充分に整備されていなかったり、たいへんな部分が多かったのだと思います。

また、どれだけ村にのこりたくても多数の人の意見に従わないわけにはいきません。ほかの村民が離村してしまえば学校や郵便局などの公共施設がなくなり、近所の人もいなくなります。一人で山の中で暮らすことはとてもたいへんです。そのため、村にのこりたくても離村することを決断せざるを得なかったのだと思います。村にのこりたいけれど移住せざるを得なかった人、町へ移住しなければ生活が不便だから村を去る決断をした人、どちらも辛い選択だったに違いありません。

もちろん、ダム建設も悪いところばかりではありません。平成十六年（二〇〇四年）の福井豪雨のときは、ダムのおかげで真名川、九頭竜川流域は洪水を免れたといわれています。しかし、いっぽうでそのダムによって、生活する場所を奪われてしまった人たちもいるのです。町の人はダムがないと困ります。しかし、村の人はダムができたら困ります。どちらも困っていたのに、結果的には真名川ダムはつくられました。ダム建設問題にも、「立場の弱い人が損をする社会」があらわれていると思います。

『わたしたちの真名川ダム』（建設省近畿地方建設局九頭竜川ダム統合管理事務所、一九九三年）というブックレットには「ダムのおかげで洪水はふせがれ、真名川ダムはみんなを守っている」と書かれています。しかし、ダムがつくられたために西谷村が水没し、廃村となった経緯は載せられていませんでした。これは、おかしいと思います。ダム建設により、廃村になってしまった村もあるということを、もっと多くの人が知ったほうがいいと思います。

ほかにも、ダムで消えてしまった村はたくさんあります。私たちの学校に近いところでも、九頭竜川ダムや、現在建設中の足羽川ダムの影響で、消えた村や集落があります。ダム建設によって消えた村は、西谷村だけではありません。たくさんの村がダムによってなくなってしまっているのなら、とても深刻な問題だと思います。上にあった村も下にあった町も悲しい結論にならない方法はなかったのでしょうか。自分のふるさとがダムの下に沈むということは、すごく残酷なことだと思います。反対する人、悲しむ人がいるのなら何か別の方法も考えるべきではないかと思いました。


また、西谷村の運命を大きく変えてしまったのが、四〇・九風水害でした。「自然災害なので、こうなってしまったのは仕方なかった」というのが、最初の頃の私たちの考えでした。自然災害はいつやってくるかわかりません。予告ができれば、大きな災害から逃れることができるかもしれません。けれど、東日本大震災でも地震速報がありましたが、あれほど大きな被害が出てしまいました。一〜二分前に「地震がくるぞ！」という速報があっても、逃げられる範囲は限られています。地震速報などにかんしては、技術の問題なのかもしれませんが、西谷村にしてももっと前に知らせることができれば被害は減らせたと思います。

調べていくうちに、私たちの考えは最初の頃と変わっていきました。いつまでも、「仕方なかった」で終わらせていい問題ではないと思うようになりました。いつ自然災害が起きてもいいような対策が、必要だったのではないかと思います。

そのほか、木を切りすぎていたため地すべりが起きたという話も聞きました。西谷村には、山の木を切るために業者が来ていました。実際に、森林のある場所とない場所では水のしみ込みやすさがまったく違います。たとえば、『水害は人災だ―森は死んでいる―』(小倉康彦、清文社、二〇〇五年)という本によれば、水のしみ込む量で比べてみると、森林は一時間あたり二五八ミリ、草地は一時間あたり一二八ミリ、裸地は一時間あたり七九ミリです。木が少ないと降った雨をため込めず、すぐに流れてしまいます。木を次々と切ってしまうと地すべりが起こりやすくなってしまうのです。西谷村で起きた地すべりも、こういうことが原因だったと指摘されていると聞きました。このように見ていくと、「自然災害なので仕方がない」とばかり考えるのではなく、人の力で工夫をすれば助かる命もあったのではないかと思います。

では、ダム建設の問題に対して、自然災害に対して、具体的にどのような対処方法があるのでしょうか。公共事業や自然環境の整備、村の防災は一人の力や小さな村の力では変えられない問題なのではないでしょうか。これも、第五章で考えていきたいと思います。

第四章 日本各地の消えた村

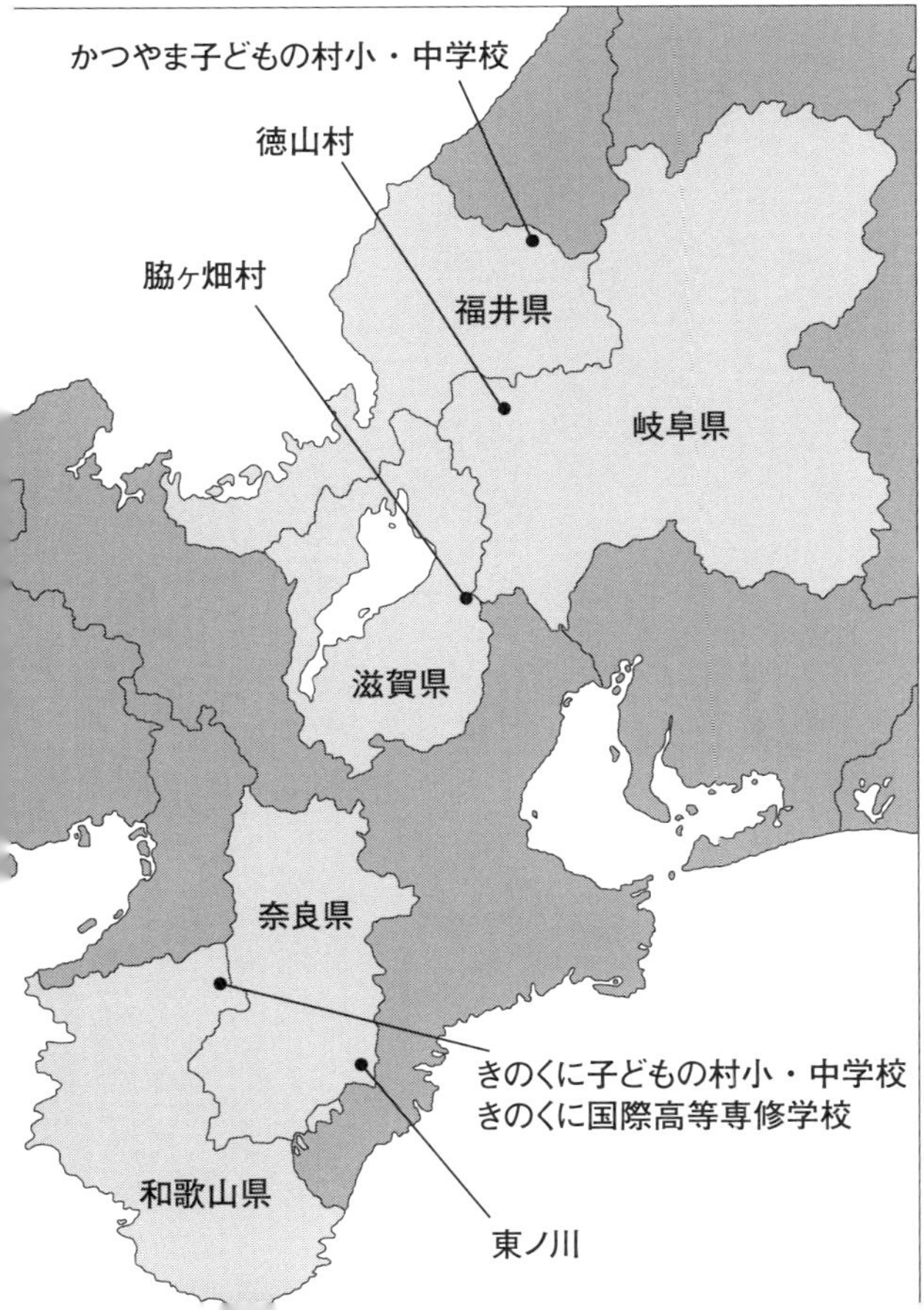

私たちは、福井県内にある中野俣、横倉、西谷村を中心に調べてきました。しかし、日本各地にはたくさんの「消えた村」があります。そして、そのたくさんの村には、それぞれ消える原因がありました。

そこで、これまで紹介した三つの村と、共通点がある、独自の歴史や文化がある、家などの建物や生活感が今でものこっているなどの理由で、私たちが興味をもった村へ見学に行き、話を聞かせていただきました。三つの村と比較ができ、たくさんの発見がありました。

1　徳山村の人とくらし（岐阜県揖斐郡）

村の歴史

徳山村は岐阜県揖斐郡（いびぐん）の揖斐川上流にあった村です。北は福井県、西は滋賀県に接していて、村の総面積は約二五三・五六平方キロメートル（勝山市とほぼ同じ）で、そのうち九九％が山林におおわれた自然豊かな村でした。また、この地域は、村の年間降水量は約三〇〇〇ミリメートルで、岐阜県でも有数の多雨多雪地帯です。

この徳山村には八つの集落がありました。そして、八つの集落は揖斐川本流と支流の西谷川に沿っていました。村は山に囲まれているため、各集落の高さが大きく違いました。村の中心部だった本郷

徳山会館で，副館長の中村治彦さんに村の説明をしていただきました

は標高約三〇〇メートルで、いちばん高い門入（かどにゅう）は約四三〇メートルもありました。

徳山村にはじめて人が足跡をのこしたのは、約二万二〇〇〇年以上前の旧石器時代といわれています。現在わかっている限りでは、岐阜県でも最も古い歴史をもった村です。縄文時代の遺跡も多く発掘されています。

くらし

現在、徳山ダムの横に会館があります。徳山会館の中には、旧徳山村の資料や写真がたくさん展示されています。副館長の中村治彦さんは子どもの頃に徳山村に住んでおられました。中村さんによると、徳山村は何回もマスコミにとりあげられてきました。そしてそのほとんどが、寂しい源流村の農村生活というイメージで伝えられたそうです。

しかし、実際はそのイメージとかけ離れていました。家々はあちこちに散らばっていたわけではなく、密集していました。昭和二三年（一九四八年）と昭和二九年（一九五四年）に、大火事によって、学校や役所、寺などが燃えてしまうという悲劇もありましたが、その後は、道路が整備され村に車社会がはじまりました。そのため、車社会に適応した村づくりもしたそうです。そのおかげで、商店街ができ、村はにぎやかになりました。「徳山村ってなにもなかったやろ」とよくいわれたそうですが、二日に一回は岐阜市まで買いだしに行く雑貨屋が三軒ありました。食堂や焼肉屋、飲み屋もありました。昭和四〇年代には、パチンコ屋もあったそうです。徳山村は、地理的に人が出るのも入るのも大変だったため、すべてのことが村の中でおさまっていました。ですから、店も多かったのです。

仕事は、田んぼや畑などのほかに、出稼ぎに行く人も多くいました。また村内の仕事の一つに、土木業がありました。山を売ると、業者が木を切りに来ます。たくさん木を切ると、山や谷、川、道路が荒れます。これを修復するために、土木業者が道路補修工事をします。これが、村の仕事の一つでした。

集落同士のかかわりは少なく、ことばも違ったといいます。徳山弁と門入（かどにゅう）弁、戸入（とにゅう）弁の三つのことばがありました。隣同士の門入と戸入の集落でも、ことばがかなり違ったそうです。徳山弁は、関西弁に近い感じの方言でした。また食べものにも京料理の影響があり、うす味が徳山村の味付けでした。

村民たちはとにかく働き者で、一日の中で何もしない時間はなかったといいます。「死ぬまで仕事がある。そのくらい厳しいところ」と中村さんは話してくださいました。

村の人口は、昭和三〇年（一九五五年）には二〇〇〇人を超えていました。長いあいだ自家発電をしていましたが、昭和三八年（一九六三年）には中部電力が電気をひいたため、自家発電は廃止されました。これをきっかけに、村の生活はさらに発展しました。

ダム

ところが、しだいに若い人たちが都会に移り住み、昭和五五年（一九八〇年）には、人口が一三〇六人にまで減りました。そして、昭和六〇年（一九八五年）に、徳山ダムの建設のため村民の多くが離村し、人口は急激に減りました。徳山ダムは、総貯水量が日本のダムではもっとも大きく、六億六〇〇〇万立方メートルで、発電、貯水、洪

徳山ダム湖（2012年 6 月撮影）

水調節などの目的をもつ多目的ダムです。もともと徳山ダムから下流数キロメートルに、「東杉原ダム」というダムが計画されていました。しかし、その後さらに下流の藤橋村東横山地点に計画が移されました。これが現在の横山ダムで、昭和三九年（一九六四年）に完成しました。その横山ダムが工事中の昭和三四年（一九五九年）に、伊勢湾台風が中部地方に大きな被害をもたらしました。揖斐川流域でも、大きな被害が出ました。このため、横山ダムの洪水調節流量が改訂され、揖斐川上流にさらなる洪水調節用ダムの建設が計画されました。それが徳山ダムです。それにともない徳山村は、昭和六二年（一九八七年）に旧藤橋村（現在、揖斐川町）に編入合併されました。同じ年に、休校した徳山小学校などの施設も含めて可住区域はすべてダム湖（徳山湖）に水没しました。学校の校舎をとり壊さなかったのには、理由があります。一つは、校舎をとり壊すのにすごくお金がかかるからです。もう一つは、村民から「校舎はそのままにしてくれんか」という声があったからです。

編入後も村にのこった人々もいましたが、平成元年（一九八九年）には全員が離村したそうです。徳山ダムは、平成二〇年（二〇〇八年）五月に完成しました。徳山村は、ダム建設で村がまるごと水没するという全国初のケースでした。そのため、徳山村民俗資料館にある「山村生産用具」五八九〇点が、国の重要有形民俗文化財に登録されています。

人の命を守るためのダムをつくろうと計画していたはずですが、計画から約五〇年経ち、ようやく完成しました。そのため、「ダムを建設するにはのんびりしすぎていたのではないか」という意見もあります。また、「環境にやさしいダムをつくるというなら、建設自体を見直すべきだ」などの批判もありました。

村が沈むときの思い

自分たちの住んでいた村がダムで沈むと決まったとき、村民たちはどう感じ、どうしたのでしょうか。当時、子どもだった中村さんは「小さい頃からこの村はダムに沈むんだよ」といわれ続け、山の高いところに赤い字で「満水ライン」と書かれた看板を見ていたそうです。「自分たちの村が沈むってことを頭では認識しているけど、水が貯まってきたときは、もうこれで終わったと思う瞬間でしたね」と中村さんは話されました。「悲しくてなんともいえません」「山を見たり川を見たりすると、涙が出てきます」という村民の声や、「故郷の思い出を大切にしてほしい」「故郷の大切さを痛感しました」という世間の声もあったそうです。

「補償金をもらって町に出て、たくさんメリットもある。でも、失ったものもたくさんある。ダム建設がきっかけとなって徳山村はこうなったけど……これで本当によかったのかどうか」と中村さんは、おっしゃっていました。

2 脇ヶ畑村の人とくらし（滋賀県犬上郡）

現在の滋賀県多賀町に位置した脇ヶ畑村には、保月（ほうづき）、杉（すぎ）、五僧（ごそう）の三集落がありました。この村は、彦根から五僧峠を通る山道によって美濃と結ばれており、中世から近世には近江商人の往来がありました。そのため宿屋もあったそうです。この村も徳山村や北谷町と同じように山に囲まれていたため各集落の標高が異なります。ふもとの町から近い順に、杉が五五〇メートル、保月が六〇〇メートル、五僧が五〇〇メートルです。主産業は林業、製炭業、農業で、村の中心は保月でした。三集落合わせても約一〇〇戸、人口五〇〇人弱という小さな規模の村でした。村に電気が通ったのは昭和二五年（一九五〇年）です。

保月（ほうづき）

保月は、脇ヶ畑村の中心地で、役場、学校（脇ヶ畑小学校、多賀中学校脇ヶ畑分校）、郵便局、旅館、駐在所、商店などがありました。気候のよい夏場だけ彦根市などから来る人もいたようです。水道は昭和三年（一九二八年）、大津市の次に早く設置されました。電話は昭和十六年（一九四一年）、車道は昭和二五年（一九五〇年）に開通したそうです。

炭焼き、養蚕《ようさん》、畑作がおもな生業で、水に乏しいため田んぼはなかったそうです。畑ではダイコンやサツマイモなどをつくっていて、冬は雪が多く降るため、草履《ぞうり》、草鞋《わらじ》、俵を編んでいました。

約一〇〇年前には六〇軒ぐらいの家があったそうですが、戦後は五〇軒くらいになり、平成十年（一九九八年）には一、二軒しかなかったそうです。すべての住人がいなくなったのは平成十七年（二〇〇五年）頃です。

杉（すぎ）

杉は村が栄えた明治十一〜十三年（一八七八〜一八八〇年）には、約十八軒の家がありました。戸数当たりの耕地面積は村の中で最も大きく、ゴボウなどの商品作物の生産もしていました。保月と違い、田んぼもありました。明治三〇年（一八九七年）代には、アメリカなどへ長期間の出稼ぎへ出る人も多くいたそうです。昭和十年（一九三五年）に馬車道が通じたあとは、大工などの仕事をする人も多く見られたそうです。

五僧（ごそう）

五僧は、滋賀県多賀町と岐阜県の旧上石津町を結ぶ峠のほぼ県境の上にあります。保月からはおよそ四キロメートルも離れていて、三集落の中でもっともふもとの町から離れています。

現在の脇ヶ畑村（2012年11月撮影）

明治二二年（一八八九年）に脇ヶ畑村となり、当時は十二、三軒くらいあったそうです。昭和三〇年（一九五五年）の戸数は九戸です。また、車道が開通したのは、昭和四一年（一九六六年）です。戸数当たりの林野面積がもっとも大きかったため、製炭業がおもな産業でした。保月と同じで田んぼはなかったそうです。しかし、昭和五〇年（一九七五年）には無人になりました。

村が消えた理由

このように集落ごとに独自の風土があり、また村全体としても徒歩交通の要所として栄えました。しかし、鉄道や自動車など交通手段の変化によって活気を失ったというのが廃村の原因の一つだといわれています。そして、燃料革命によって、おもな産業としていた製炭が衰退し、村民が都会に移住しはじめたため、さらに人口が減っていきました。また、行政が集落再編成事業により離村を勧めたこともあり、戸籍上は、杉は昭和四八年（一九七三年）、五僧は昭和四九年（一九七四年）、保月は昭和五一年（一九七六年）に廃村となりました。一つの村がまるごと廃村となってしまった例は、全国でも、これまでにとりあげた西谷村や徳山村などわずかしかないそうです。しかし、現在でも雪の降らない季節には、元村民がもどってきて過ごしています。私たちが訪れたときも、まだ多くの家がのこっていました。

3　東ノ川の人とくらし（奈良県吉野郡）

東ノ川は奈良県吉野郡上北山村の最南東にあります。面積は約九五平方キロメートルで、上北山村の約三分の一を占めています。

この東ノ川という名前は通称で、北山川の支流である東ノ川の流域地区をさします。上北山村の中でも四方を山に囲まれた山深い地域で、住民も少なかったため、もともと一つの村ではありませんでした。出口（でぐち）、宮ノ平（みやのだいら）、五味（ごみ）、出合（であい）、古川（ふるかわ）、坂本（さかもと）、大塚（おおつか）の七つの集落をまとめて「東ノ川」と呼ぶようになったのです。

私たちは東ノ川を訪れ、上北山村役場の方たちや、実際に東ノ川に住んでいた方に、村跡を案内してもらいました。現在、村へ行く道路は国道だということですが、車が一台しか通れないほど細い道でした。「ここまでの山奥にかつて村があったのかな」と思うほどでした。

そんな立地ですが、事情があって郵便局だけは最近までのこさないといけなかったようで、平成十八年（二〇〇六年）まで一人の方が郵便局で働いていました。郵便好きの人は、この郵便局の消印をわざわざ押しに来ていました。

上北山村役場の方に村を案内していただきました

交通

以前は、まわりが高い山で囲まれ、道が充分に整備されていなかったので、村が栄えた時代も住民たちは山道を歩いて移動しました。東ノ川から現在の役場がある町まで、慣れた人が歩いても三時間はかかったそうです。

昭和のはじめ頃には、上北山村河合（現在の役場のある場所）から、東ノ川を中継して東側にある三重県尾鷲市へ木材運搬のための「索道」（ロープウェイ）が発達しました。木材以外のものも、そしてときには病人も運ばれました。これは昭和三四年（一九五九年）頃までつづきました。

昭和三〇年（一九五五年）代にダム建設がはじまると、自動車が通れる道路もつくられました。集落の周辺には、木材などを運搬するための「トロッコ」線路が多く見受けられました。

産業とくらし

村が栄えた時代は林業がさかんで、木を切り搬出するのがおもな仕事でした。昭和三〇年（一九五五年）頃までは、切った木材を、和歌山県新宮市まで、いかだで搬出していました。その後、道路の発達によってトラック運搬となり、いかだは昭和三一年（一九五六年）で姿を消しました。

林業以外には、宮ノ平（中心地）に、小・中学校、簡易郵便局、青年会館などの公共建物、雑貨屋、クリーニング屋などがあり、林業取引の関係で大きな旅館も数件あったようです。学校の先生や郵便局員などは数人で、医師は戦前まで一人いましたが、その後はいなくなりました。

農業は、作物をつくる土地がないので、自分の家で食べる分しかつくらなかったといいます。アメノウオ（アマゴ）や、ウグイ、アユ、フナはよくとれました。アユは、ダムができてからはいなくなりました。

病院は昭和のはじめ頃はありましたが、昭和十年（一九三五

当時つかわれていたトロッコ
（上北山村役場提供）

ロープウェイをつかって木材を運ぶ
（上北山村役場提供）

年）頃になくなりました。そのため、病人やけが人が出た場合は、若い人たちがタンカをつかって山道を運びました。「東ノ川の村民同士は仲は良かったのですか」という質問に対して、「病院に行くのにも助け合いが必要だから……うまいこと調和しながら生活していた」と村役場の方が教えてくださいました。

電気は昭和四年（一九二九年）〜六年（一九三一年）頃に通りました。「今は行政が道路をつくったり橋をつくったりいろいろする。けれども、昔は地域の人がお金を出したり、お金がない人は労力を出したりして協力し合いながら道を整備した。しっかり協力したから電気が通るのが早かったのではないか」「はじめに、電気がぱぁ〜とついたときにはバンザイの歓声があがったよ」と元村民の福屋欣吾さんは話してくださいました。

「おみやさん」という祭りは、東ノ川が廃村と

村のあった場所と坂本ダムを訪ねました

なってからも、役場のあたりでつい最近までおこなわれていたそうです。

廃村となった理由

国内では、昭和三〇年（一九五五年）頃から木材輸入の自由化がはじまり、林業中心の東ノ川では山の仕事が少なくなりました。またダム建設計画もかさなり、もともと交通が不便な地域であったため、東ノ川にのこる人が少なかったのだと思われます。

ダム建設のため昭和三四年（一九五九年）には一時的に人口がふえましたが、それ以降は減りつづけ、平成十八年（二〇〇六年）に住民基本台帳では〇人となりました。

ダム

東ノ川は、もともと雨量の多い地域でした。そのため水力発電を目的として、坂本ダムと池原ダムがつくられました。

坂本ダムの総貯水量は八七〇〇万立方メートル、六・五万キロワットの発電力（当時）で、純国産の材料で日本人のみで設計した最初のドーム型コンクリートアーチダムです。昭和三二年（一九五七年）頃から計画され、昭和三四年（一九五九年）から工事が進められ、昭和三六年（一九六一年）に完成しました。そのため、ダムから上流は大塚をのぞいて全集落が水没しました。その後、昭和四一年（一九六六年）に下北山村に池原ダムが完成し、大塚も水没しました。

4　廃村になった村の共通点と相違点

旅行でいくつかの「消えた村」に行き、日本中にはまだまだたくさんの消えた村が存在することを実感しました。また、紙面の都合上、ここでは紹介できませんでしたが、このほかに京都府にある八丁山にある村も、観光協会の藤野満さんに案内していただき、訪れました。豪雪のため、昭和十一年に、住民全員で山を下りたために廃村になったそうです。

福井県内の三つの村だけでも、さまざまな文化や風土、くらしがあり、そして消えた理由をそれぞれに持っていました。けれど、全国にはさらにたくさんの「消えた村」があり、さまざまな文化や消えた理由がありました。

徳山村と東ノ川は、西谷村と共通しているところがあります。それは、ダムが原因で村がなくなってしまったということです。徳山村と西谷村は、大きな自然災害があったためにダムをつくることになりました。大雨が降り洪水が起きたため、今後そうならないためにもダムがつくられたといわれています。水の中に沈んだ集落は、もう二度と見ることができません。そんな集落が徳山村、東ノ川、西谷村にはあります。徳山村と西谷村に住んでいた村民の方々は、「村を離れたくなかった」「自分たちがした選択は、本当にこれでよかったのか……」と話されていたので、思いは似ていることがわかりました。

いっぽう東ノ川は、とても生活しにくい場所にあり、「ダム建設の話が出ても、あまり反対意見はなかった」と教えてもらいました。

西谷村や横倉と、東ノ川には違うところがあります。それは、東ノ川にはあまり雪が降らないということです。福井県はすごく雪が降ります。東ノ川のある上北山村はすごく山奥ですが、雪はあまり降りません。地理的な条件の違いも何か関係があるのかもしれません。

京都の八丁村と中野俣は、孤立してしまうほど雪が多く積もりました。現在のような大型な除雪機がなかったので、被害も大きくなってしまったのではないかと思います。八丁は村をあげて、全村民が一緒に村を離れました。同じ雪害でも、状況や心境は違うように思います。

脇ヶ畑村は横倉のように、燃料革命で仕事がなくなってしまいました。どちらの村でも、仕事がなくなったため町に移住した人が少なくありませんでした。二つともそれほど大きな村ではありませんが、日本全体で起こった燃料革命というものは、小さな村々にも影響を与えたということを脇ヶ畑村に行って再確認できました。

こうして県外の「消えた村」を見ると、やはり廃村となってしまう村は山奥にあるというのが共通しています。町からは距離があり、行き来しにくい環境にあります。さらに、雪や雨がすごく降るので、孤立してしまったり洪水が起きてしまったりと自然災害が後を絶たないことも共通していました。

「消えた村」がたくさんあるということは、楽しかった思い出、辛かった出来事など、「村」に対する思いを抱えている人もたくさんいるということです。

村がなくなってしまい、悲しい思いをしている人はきっといっぱいいるはずです。それならば、「消えた村」は日本全体の問題です。一人ひとりがこういった問題をよく考えなければいけないと思いました。次の章では、これまで見てきた村を参考に、「消えた村」について考えてみたいと思います。

第五章

私たちが考える消えた村

調査の合間の休憩

村研究をまとめた本づくり

村の問題についての話し合い

毎日のように夕食後も学校に出てきて「残業」

第一章では、中野俣と産業の衰退および生活の苦労について紹介しました。第二章では、横倉の豪雪と雪崩の被害について考えました。第三章では、西谷村の四〇・九風水害とダム建設について見てきました。第四章では、日本各地の村が消えるさまざまな理由を調べ、共通点と相違点を見ました。これらの内容をふまえて本章では、「自分たちが消えた村についてどう考えるか」について書きたいと思います。

1　村が消える原因

仕事

まずは、前章までに見てきた村を参考に、村が消える原因を分類して見ていきたいと思います。

村が消える大きな理由の一つは、仕事がなくなることです。第一、二章でも取り上げたように昭和三〇年（一九五五年）代より、石油などが輸入されるようになり、その影響で炭焼きなど山村の仕事がなくなってしまいました。この時期、同じように林業、そのほか農業や漁業の仕事がなくなった村が全国にたくさんありました。仕事がなければ生活ができません。そうなると、村民は仕事を求めて村を離れていきます。

自然災害

雪が原因でなくなった村もたくさんありました。横倉は雪崩、中野俣は雪が多く孤立したのが原因でした。また、昔は今のような便利な道具はほとんどなかったため、雪下ろしや雪かきがたいへんでした。人の少ない地域では周囲の手助けもなく、大きな雪害や雪による苦労が人の心を離村へ導く要因の一つになりました。

風水害が原因で村が消えた地域もあります。たとえば、第三章でとりあげた西谷村の四〇・九風水害はとても被害が大きく、廃村へと向かう大きな原因となりました。

ダム建設

西谷村、東ノ川、徳山村が消えた原因の一つにダム建設がありました。ダムを建設する理由は利水、発電、洪水の予防（治水）などです。下流の地域を助けるためにつくられる場合がほとんどです。行政が決定し、村の多数の人々が賛同した場合、一部の人の力ではなかなかその動きを止められません。そして、一度水を溜めてしまうともう後戻りはできません。

町に出るのもひと苦労

村が消える地域に共通している点は、栄えている都会から離れていることです。郵便局や病院などの公共施設が遠かったり、村と町を行き来するための交通手段がほとんどなかったりと、生活しにくい環境にあります。こういったことから、「村より町のほうが生活しやすいから……」「村よりも便利な都会に出たほうが……」と思う人がふえたのも、村が消える原因の一つです。

貧しさ

都会から離れた村に住む人の多くは、厳しい環境の中で生活をしていました。お話を伺った方々は、当時の生活を楽しそうに話してくださいました。けれど、たくさんの苦労もあったと思います。「給料日には先生に飼育していたヤギのミルクを売って、学業品を買うなどしていた」と西谷村の山本さんは話されていました。「カレーライスが出ると肉が入っていなくてもごちそうだった」「おかずがないからとにかく白米をたくさん食べた」と中野俣の多田さんと落合さんは話されていました。

昔は町も山村も、貧しさにそれほどの違いはなかったように思います。そのため、村民たちが「貧しい」「生活がたいへん」と思うことも少なかったと思います。けれど高度経済成長の結果、全国の町が発展し、町と山村に少しずつ「差」ができました。町が便利で豊かになるいっぽうで、山村では仕事がなくなり、都会のような発展は見られませんでした。村民たちが「貧しさ」を感じる原因となったのは、町と山村の間にできたこの「差」にあると思います。

現代の村が消える原因

私たちがこれまでに調べてきたような昔の村と、現代の村では、村が消える原因がすべて同じというわけではありません。時代の変化とともに「村がなくなる原因」も変わっているのです。

現在の過疎化が進んでいる村に共通している点は、「高齢化が進んでいる」ということです。『これで納得！ 集落再生「限界集落」のゆくえ』（大西隆、小田切徳美、中村良平、安島博幸、藤山浩、ぎょうせい、二〇一〇年一月五日）という本を参考にまとめると、子どもは進学や就職をするために村を離れ、のこった村民は親ばかりです。そしてしだいに親たちは年をとり、村は高齢化社会になります。そうなると、村に若い人がいないため子どもは生まれません。そして高齢になった親たちは亡くなっていき、村の人口が少なくなります。これが、「現代の過疎」だというのです。つまり、過疎化が以前は産業の変化などによる「社会減少」だったのに対して、現在は「自然減少」に変わったのです。

2　村はのこすべきか

これまで、村が消える原因を見てきました。村が消える原因はたくさんあり、どれも解決するのが難しい問題ばかりです。では、こういった問題を抱えた村を努力してのこすべきなのでしょうか。それともその必要はないのでしょうか。

日本産のものが少なくなる

現在、日本では外国から食料、材木、原油など多くのものを輸入していて、その中でも食料の多くを輸入に頼っています。日本の食料自給率は約四〇パーセントで、国産でまかなえる食料は半分もありません。「このまま外国産の食料に頼ってはいけない」という声も聞きますが、なぜでしょうか。日本の食料の約六〇パーセントを買うにはたくさんのお金が必要です。現在は食べ物に困っていませんが、もしこれから先、日本の経済力が弱くなれば買える食料の量も限られるといいます。さらに、世界の食料が足りなくなる恐れもあります。もしも日本以外のたくさんの国が食料を自分の国でつくらずに輸入をはじめた場合、輸出をしている国だけでは食料の生産が追いつかず、満足のいく量を輸入できなくなっていきます。

現在、世界の人口はふえており、国際連合によると二〇五〇年までに九六億人に達します。その時点で、必要な食料は現在の約二倍になるといわれています。

このように、近い将来、食料が足りなくなる恐れがあると主張する人は少なくありません。そして、ここで食料問題と村の問題が関係します。日本で食料をつくっている農山漁村が消えると、日本の将来に大きな影響を与えるかもしれないのです。

文化が失われる

消えた村のことを扱う多くの本では「村が消えたら困る」理由として、「文化が失われる」という問題をあげています。しかし、「なぜ村の文化を守らなくてはいけないのか」についての答えがなかなか見つかりませんでした。私たちは、少し時間をかけて話し合い、次のような意見にまとまりました。

「文化」といわれると、多くの人は、祭りや踊りなどをイメージするかもしれません。しかし、「文化」の定義はあいまいで、辞典などで調べてもひとことで「文化」を説明するのは難しいように思います。日々の生活や方言、食料の加工方法なども文化といえるのではないでしょうか。私たちは、村の生活そのものが文化だと考えました。

もし村が消え、文化を受け継ぐ人がいなくなれば、昔から村に受け継がれてきた踊りや祭りだけでなく、日常の生活や方言、食事までも消えてしまいます。

豊かな山や林が減る

多くの農山村には村民に手入れされている山林があり、私たちにたくさんの恩恵を与えてくれます。たとえば洪水を調整するなどの防災です。また、「自然環境を守る」役割もあります。森林が二酸化炭素を吸収し、酸素をつくりだしてくれます。ほかにも、野生動物や昆虫などの住みかにもなっています。

さらに、きれいな森や山、小川は私たちを癒し、リフレッシュさせてくれます。それは、きれいな景色や美味しい空気があるからです。春には桜が咲き、夏にはホタルが飛び、秋には紅葉し、冬には雪が降ります。日本人にとって、これらの景色が減ってしまうのは悲しいことではないでしょうか。

ふるさとがなくなる（住民の気持ちの問題）

私たちは、村民の方々にたくさんのお話を聞き、村の歴史や伝統を調べてきました。それを通して、村が消えるとふるさとがなくなり、村民の心の支えがなくなってしまうことを知りました。ふるさとが一つなくなれば、悲しい思いをする人が大勢いるのです。

村をのこす必要はないという意見

「村をのこす必要はない」という意見もあるようです。調べてみると、その理由のほとんどが「お金がかかるから」です。たしかに、過疎の村や都心から離れた村には行政から補助金が出ます。しかし、現在の日本は財政難にあります。そのため「のこしても無駄な村にお金を払わない方がよい」「人口の多い都会の福祉にもっとお金をつかうべきだ」などの意見があります。

人口が減りつつある村をのこすべきなのかどうか、いくつかの視点で考えてきました。その結果、私たちは村をのこすべき理由の方が多いように思いました。食料や防災などにも利点がありましたが、何よりも大切だと思ったのは「村民の気持ち」です。

どの村にも、村民一人ひとりの大切な思い出があり、それぞれの文化があります。その村が消えれば、この思い出や文化の詰まったふるさとがなくなってしまうのです。

元村民の方々は、とても楽しそうに懐かしみながら、私たちにたくさん村のことを話してくださいました。私たちにも、どれだけ村が好きなのかが伝わってきました。中野俣に住んでいた落合さんは「中野俣で一生くらすつもりだった。今でも中野俣の景色が見たくて、いつも夢にまで見る」と、悲しそうに、でも満足そうな表情で話してくれました。

やはり、村が消えてほしくない人がいるかぎりは村をのこすべきだと思います。しかし、そのいっぽうでお金の問題もありました。住民が次々に離村していく中で、税金をつかってただ存続させるだけではよい対策とはいえないと思います。そこで次に、村の問題の中でも「過疎」ということばに焦点をしぼり、過疎対策としておこなわれているとりくみをいくつか紹介し、過疎化は止められるのかについて考えたいと思います。

3　過疎化は止められるのか

過疎化を止めるとりくみ

〈地域産のものを売り出す〉

多くの過疎地域には田んぼや畑、山林があります。これらを活用して村を活性化した例もあり、農地や里山は過疎地にとって一つの強みといえます。

たとえば、徳島県上勝町では、「葉っぱビジネス」がおこなわれています。高級料亭のつまものにする「葉っぱ」を売る仕事です。軽くて運びやすい、お年寄りでもできるこの仕事をするまでは、「どん底」の過疎地域だったそうです。けれども、この仕事をはじめてからは満足のいく収入が得られ、村人は「働いて稼ぐ」という生きがいを得られたといいます。

ほかにも調べてみると、地域の特産品で元気になった村はたくさんありました。神子原米を売り出し、日本中で話題になった石川県の神子原地区や、ゆずの加工品をつくり知名度が上がった高知県の馬路村などです。

このように過疎地域ならではのものを売り出し、過疎の動きを止められた村もあるのです。

〈観光名所をつくる〉

農山村の例ではありませんが、大分県豊後高田市では、古い町並みを利用して観光地として発展させるために、昭和を再現した商店街をつくりました。昭和の町に似合うレトロな車に乗って町をめぐるツアーなどが催されています。このとりくみの影響もあり、平成十三年（二〇〇一年）には二万五〇〇〇人だった観光客が、四年後の平成十七年（二〇〇五年）には十倍の二五万人までふえました。

イギリスのコッツウォルズという地方も、古い町並みを利用した観光名所づくりで有名です。この地方には一〇〇近くの村がありますが、産業革命の頃から羊毛加工の仕事が少なくなり、経済は衰えました。しかし、現在は古い町並みが保存された地方として有名な観光地となっています。私たちも、イギリス修学旅行に行ったときに訪れました。蜂蜜色の素朴な家が並んでいて、とてもきれいなところです。大きな博物館や史跡があるわけではありませんが、世界中からたくさんの観光客が足を運びます。

観光名所ができれば働く人が必要です。また、地域産のものを売り出せば、それをつくる職人や農家の人の仕事ができます。観光客がふえ、地元のものが売れ、村に収入があるというだけでなく、仕事ができるということにもつながり一石二鳥です。

〈林業支援〉

山村の職業を守るとりくみとして、衰退している林業を応援する政策もあげられます。たとえば「県産材の活用」です。家などを建設するときに、決められた量よりも多く県内産の材木をつかえば、それに応じて補助金が出るというものです。こうすれば、外国産の安い木材をつかわずに、県内産の木材をつかう人がふえます。そして、林業にかかわる人の仕事がふえ、満足のいく収入を得られるようになります。林業をする人がふえれば、山村の過疎化や荒れた森林問題の解決につながります。

山梨県にある「南アルプス子どもの村小・中学校」は私たちの学園が設置して経営している学校の

一つです。この学校で体育館を建設するときにも、県産材をつかったためにたくさんの補助金を申請できたと、学園長の堀さんは教えてくれました。体育館を建てるために必要な総額一億二〇〇〇万円のうち、五〇〇〇万円の補助が決まっているそうです。

〈勝山市内の過疎対策〉

私たちの学校がある福井県勝山市にも地域を活性化させるとりくみがたくさんあります。もともとは過疎対策が目的ではなかったものの、結果として過疎地の復興に欠かせない施設やとりくみもあります。

たとえば、勝山市は、恐竜の化石産出量が全国一位です。中でも私たちの学校の近くの杉山地区ではたくさん化石が発掘されています。そのため、勝山には日本一といわれる「恐竜博物館」があります。恐竜博物館を目当てに毎年、長期休みを利用してたくさんのお客さんが県外からやってきます。また、西日本最大級のスキー場、「スキージャム勝山」もあります。ここにも、毎年冬になると県外からたくさんのお客さんが来ます。

勝山では昔、サバの「なれずし」が保存食としてよく食べられていました。しかしだんだんと忘れられ、近年ではつくり手がほとんどいなくなりました。「村の達人」として福井県に認定されているサバの「なれずし」づくりの名人、山本トメヲさんは私たちの学校のお隣に住んでいます。この山本さんを中心に「企業組合鯖の熟れ鮨し加工グループ」をつくり、勝山市の左義長祭りなどで販売しています。

勝山市北谷町の小原地区は現在、人口がたった二人です。小原を出た人がのこした空き家も目立ちます。それらの空き家を利用して、「古民家再生プロジェクト」を福井工業大学の学生たちがはじめました。参加者は再生した民家に宿泊し、小原のくらしを体験するそうです。

私たちの学校も、過疎対策の一環になっていると思います。過疎化と高齢化が進む北谷に、たくさんの子どもの声と姿が戻ったからです。子どもの村には、普通の学校とは違って、プロジェクトという学習形態があります。私たちの「子どもの村アカデミー」というクラスは、環境問題について調べ、北谷の方々にお話を伺ってきました。小学校の「よくばり菜園」は、畑仕事や北谷に伝わる漬物づくりなどを通して地域の方と交流をしてきました。

旧北谷小学校の校舎をつかってかつやま子どもの村が誕生したとき、「だれもいなくなった学校は電気がついていなくて寂しかった。子どもの村ができたおかげで、学校の前を通るときに校舎に明かりがついていてほっとする」といってくださった村の人がいます。かつやまの学校は、公立の校舎を私立の学校としてつかう、日本ではじめての試みでした。当時の勝山市長の今井三右衛門さんが文部科学省に出向いて「教育と、過疎対策の二つの目的で」といって公共施設を借りての私立学校の設置をお願いしてくれたそうです。

かつやま子どもの村をモデルとして、休校や廃校になった校舎を学校として再生したいという問い合わせが全国から届くといいます。全国の過疎地域に対しても、過疎対策のきっかけや希望を発信できているのではないでしょうか。

このように、勝山市内でも地域を活性化させるさまざまな動きや施設がありました。しかし、勝山市では人口が減少していて、高齢化も進んでいます。市が発足した昭和二九年（一九五四年）に約三万八〇〇〇人だった人口が、平成十五年（二〇〇三年）には二万七〇〇〇人、さらに十年後の平成二五年（二〇一三年）には二万五〇〇〇人にまで減っています。勝山市では過疎化の動きが止まっていないのです。このままでは、やがて勝山市が「消えた市」となるのではという心配をしなくてはいけないかもしれません。過疎化の進行を止められた地域があっても、止めるのが難しい地域もたくさんあるということがわかりました。

では、過疎化が進む地域はどうすればよいのでしょうか。私たちはこう考えていました。「行政がもっと対策をするべきではないか」と。そこで、実際に国や県などはどのような対策をしているのかについても調べてみました。

行政による過疎対策

〈条件不利地域振興制度〉

これは、離島、豪雪地帯、山村、半島、過疎地といった交通や地形で不利な条件にあり、対策が必要とされる地域を対象とした法令や制度のことです。特定農山村における農林業などの活性化のための基盤整備の促進にかんする法律や、山村振興法、豪雪対策法、第一章でもとりあげた過疎地域自立促進特別措置法などさまざまな制度があります。「過疎地」で「山村」で「豪雪地帯」だと、それぞれ当てはまる項目ごとに補助金をもらうことができます。

〈集落支援員制度〉

この制度は、当該地区を担当する市町村職員などと協力して、集落への「目配り」のため定期的な巡回をし、生活状況、農地や森林の状況の把握をおこなうものです。細かな「集落点検」をおこない、状況を把握し、集落のあり方について話し合ったり、集落の維持や活性化に向けたとりくみについて市町村と共同したりするというものです。補助金や雇用対策と違い、村の人々を気にかけるこれまでにあまりなかった制度だと思います。この制度がはじまった平成二〇年（二〇〇八年）度には、実施自治体は七七ヵ所でした。しかし、四年後の平成二四年（二〇一二年）度には、一九二ヵ所にまで広がっています。

〈勝山市のとりくみ〉

私たちの学校のある勝山市も、調べてみるとさまざまな政策がおこなわれていました。たとえば、平成二三年には、「小さくてもキラリと光る誇りと活力に満ちたふるさと勝山」をめざして、第五次勝山市総合計画がつくられました。この計画の一節には「高齢化による地域の活力低下」への対策をし、市を発展させるためと書かれています。

さまざまな子どもへの支援も実施されています。中学生までの子どもがいる家庭に支給される「児童手当」や、中学生までの子どもの医療費の一部を行政が負担する「子ども医療費助成制度」などです。家庭、地域、企業、行政がともに子育てをして、子どもがのびのびと育つことができる環境をつくり、「子育て支援日本一」をめざしているそうです。

現在、勝山市は高齢化社会になっています。そのため、高齢者が活躍できるような環境づくりをしようという政策もあります。介護予防事業をはじめとする、健康でいられるためのさまざまな事業がおこなわれています。

働く人への支援もしています。働く場所を確保し、若い世代に勝山市に帰ってきてもらうために起業を奨励してサポートしたり、今ある産業の活性化を図ったりしています。

第一、二章でも見たように、勝山市はとても雪深い土地であるため、雪の影響で勝山市に住むのをやめてしまう人もいます。また、雪による高齢者の被害も少なくありません。そこで、高齢者を見守り、被害を少なくするとりくみもおこなっているそうです。

ほかにも勝山市は、エコ環境都市の実現に向け、市民たちの力を借り勝山市をきれいにする運動をおこなってきました。その結果、アメリカの経済誌「フォーブス電子版」（二〇〇七年）で、世界で九番目にクリーンな都市に選ばれました。

〈自然災害への対策〉

村や集落で起きる自然災害への対策もたくさんありました。たとえば、福井県は全国でも有数の豪雪地域で「交通対策」、「雪崩防止対策」、「孤立予防対策」などたくさんの対策があります。「孤立予防対策」は、積雪や雪崩などにより交通が困難、または不能になり孤立しそうな地域を事前に調査するものです。ただし、予防対策をしていても防げない可能性もあります。そのため、孤立してしまったときの「孤立地区緊急対策計画」も準備されています。「雪崩災害等予防計画」という対策もあります。雪崩を防止し、もし発生した場合には被害の軽減を図ります。そのために、雪崩が発生しそうな場所には予防柵や防護壁を設置しています。この対策にも、もしものときのために「雪崩災害応急対策計画」があります。もし雪崩が発生したら、救助活動のために防災ヘリコプターの出動や、緊急消防援助隊の派遣などをしてくれます。中野俣や横倉など、各地で起こった雪崩や孤立が、今後は起こらないようにしっかりとした対策がたてられていました。

勝山市は福井県の中でも一、二位を争うほどの豪雪地域です。市が管理する道路は、積雪が十センチになると除雪作業を開始します。歩道は積雪が二〇センチを上回ると除雪をはじめるそうです。

勝山市にも県全体の対策と同じような内容で、「交通対策」、「雪崩防止対策」、「孤立地区対策」などたくさんの対策があります。勝山市内には六六もの雪崩危険個所があるといわれていて、その中でも私たちの学校がある北谷町は、十ヵ所も雪崩の危険があるそうです。そこで、特に危険と思われる場所は通行止めにしたり、ロックフェンスを設置したりしています。

市内の荒土町境区では、「地域支え合い体制づくり事業」という活動をしています。中型除雪機を購入して区民全員が使用できるよう練習をしたり、高齢者宅や空き家などの除雪や見回りを実施したりしています。また、月二回発行される広報をポストへ入れるのではなく、手渡しをして安否の確認をするなどの工夫もしています。このように県や市だけでなく、地区ごとにもいろいろな工夫がされているのがわかります。

私たちは、最初は「村の問題が解決しないのは、行政が村のことを考えていないからだ」と考えました。しかし、これまで見てきたように国や県、市町村ごとに過疎対策や村の活性化のためにさまざまなとりくみをしていました。自然災害への対策や、人の少ない村や集落を考えた政策もたくさんありました。先に紹介した林業支援も国の政策の一つです。地域の特産品や観光地づくりにしても、行政が率先している場合や、後援している場合がほとんどでした。しかし、村の問題は思うようになくなりません。『撤退の農村計画』（林直樹、齋藤晋、学芸出版社、二〇一〇年八月三〇日）という本で紹介されているアンケート調査によれば、二〇代で農山村に住みたいと思う人は八・一パーセント、三〇代では五・〇パーセントでした。そこから実際に農山村に住む人はさらに少ないということです。行政がめいっぱい対策をしても、村から人が離れていっているのが現状なのです。特産品を考えたり財政や職業への支援をしたりしても問題が解決しないのはなぜなのでしょうか。

人々の心の問題

村は村民同士の絆がとても強く、ときとして「息苦しさ」を与えます。『撤退の農村計画』には、集落ルールを把握しなくてはいけない「ムラ社会」の難しさが書かれています。「ムラ社会」は、村民が同じ考えを共有し、協力し合わなければ生きるのが容易ではない社会です。考えに反したり、協力しなかったりした人やその家族、その人にかかわった住民は「村八分」にされるというケースもあります。おもに、昔から村にいる人ほど、「ムラ社会」の考えを正しいと思っているそうで、新しく移住してきた人や新しい考えが好きな若者とのトラブルが後を絶たないこともあるといいます。もちろん、すべての村の人々がそのように考えているわけではないと思います。しかし、一部の人や一部の村にあるこの性質が、「ムラ社会」というイメージを強くつくっているのかもしれません。

このような「ムラ社会」を避けて自由を求めて村を出て行く人、「ムラ社会」の存在を知って村に移住してこない人もいるのです。

また、『農山村再生「限界集落」問題を超えて』(小田切徳美、岩波書店、二〇〇九年十月六日)には、地域住民が村に住み続ける意味や誇りを失いつつある「心の過疎」というものも紹介されています。ある女性は、「うちの子にはここ(村)にのこって欲しくなかった」「ここ(村)で生まれた子どもがかわいそうだ」といったそうです。

ほかにも、『復刻版村の若者たち』(宮本常一、家の光協会、二〇〇四年十月一日)という本では、村にいることの孤独感について書かれていました。昔は村に人がたくさんいたため、住民が誇りに思える村も多かったそうです。けれど時代が変わり、都会の生活の方が便利になったため、たくさんの人が村を出て行きました。すると、昔は村にいることに誇りを感じていたけれど、村にいることに対して孤独や不安、あせりが募っていったというのです。それと同時に、都会への強い憧れを抱く人がふえていったそうです。

こんなふうに思っている人々がいるのなら、「地域再生」や「若い人に来てもらう」という活動をしても、効果が少ないと思います。このように、住民の心の問題も村の存続に大きくかかわっているのです。

以上を踏まえて、私たちは「現状では、過疎化を止めるのが難しい地域もたくさんある」「いくら対策をしても、消えていく村もある」という結論になりました。人々の心にかかわっている以上、制度を整えたからといって、そう簡単にすべての村の問題を解決できるとは限らないのだと思います。

4　結論―消える村から何を学ぶか―

これまでに、村が抱える問題や村をのこすための対策など、さまざまな視点から消えた村について見てきました。その結果、多くの対策がなされており、それによって活気が戻った村がたくさんあることがわかりました。また、そのいっぽうで、対策にもかかわらず、活気がなくなっていく村があり、消える村があります。

「中野俣で一生くらすつもりだった。今でも中野俣の景色が見たくて夢にまで見る。」

「おじいちゃんは最後まで村を離れたくないといいはっていた。」

このように、「村にのこりたい」と強く思っていた人もいました。しかし、まわりの人から説得され、村を出ることを余儀なくされた人々も少なからずいるのです。この現状を知った今、私たちはどうすればいいのでしょうか。

いくら考えても、すべての村を救うのは難しいのかもしれません。実際に、勝山市はたくさんの政策をおこなっているのにもかかわらず、人口が減少しています。しかし、そこであきらめずに、できる限り多くの村が元気に続いていくためには、具体的に何ができるのかを考えたいと思います。

私たちがとくに注目したのは「資源の未来へ向けた活用」と「心の支援」です。資源の未来へ向けた活用の代表的なものが「林業」です。

今まで調べてきた村の多くで、高度経済成長によって燃料が石炭、石油が木炭にとって代わり、炭焼きの仕事がなくなっていました。それに対して、本章でも紹介したように、全国各地で林業支援のとりくみがおこなわれています。けれども、補助金によって地元の木材の使用を進めるなど、これまでの林業を支援するだけでは限界があるように思いました。

しかし、新しいとりくみを見てみると、山村地域で木材を利用して「バイオマス」という石油に代わる新たな燃料をつくり出している例もありました。今まで、林業は「重労働なうえに収入も少ない」というイメージをもたれていました。そのため、若者は林業を好まず、職を求めて都会へと移住していました。しかし、現在、再び新しいかたちで輝きだした林業の魅力を知り、村に戻り林業に就く若者がふえてきているといいます。

こういった林業の輪がもっと広がれば、「村にはこんなにすてきな仕事があるんだ」と気づく人がふえ、活性化する村もふえるかもしれません。実際、オーストリアでは、国を挙げて林業へのとりくみを積極的におこなっており、その結果、多くの国民が自然豊かな村の存在を重要視するようになったそうです。

このようなとりくみを見ると、古くから人々に必要とされてきた林業など農山村の仕事は、これからもいろいろな形に進化しながら、輝き続ける可能性があるのではないかと思いました。これまでの林業や農業を守ろうとするばかりではなく、エネルギーやエコロジーなど、これからの社会に必要とされる分野に農山村を活用し、村の新たな魅力が広がってほしいと思います。

また、「心の支援」にも注目していきたいと思います。私たちは、お金の支援だけでは村を救うのは難しいと考えました。本章でとりあげた「村の息苦しさ」や「心の過疎」などの問題は、お金では解決できないからです。過疎化の中にも光を生むのは、やはり人と人とのつながりだと思います。「心の支援」とは、たとえば、高齢化や過疎化の進む村の住民に定期的に声をかけるなど、人とのかかわりを持ちやすくし、お年寄りばかりでも不安にならないようにするなどが考えられます。

私たちの学校がある北谷町は、過疎化が進んでいますが、学校の隣に住む山本数雄さん、トメヲさんご夫婦は生き生きと暮らしているように見えます。それは、市内の人に鯖のなれずしのつくり方を教えたり、子どもの村の子どもたちに野菜のつくり方を教えたりして、人とかかわっているからだと思います。

人が少なくなったり問題を抱えたりしたにもかかわらず、活気を取り戻した村のほとんどは、多くの人たちで協力して、新しい特産品や観光名所をつくったり、資源のエネルギー利用を進めたりしていました。それは、村に人口や収入をふやすばかりでなく、村民の心のつながりや笑顔もふやすと思います。

「心の支援」にかかわる代表的なとりくみとしては、先ほどとりあげた集落支援員制度が挙げられます。村にお金を送るのではなく、支援員を送り村民を気にかける制度です。この制度をおこなっている地域の数は平成二〇年（二〇〇八年）度から平成二四年（二〇一二年）度の四年間で、倍以上にふえています。この制度がもっと全国に広がれば、元気になる村もふえる可能性があると思います。

「資源の未来へ向けた活用」と「心の支援」だけでは救えない村も、現実にはあるかもしれません。それはとても残念なことですが、「自分の住んでいた村が消えてしまった」という体験をされた方々は、その事実や村の生活、村が消える原因などをいろいろな人に話して、広めてほしいと思います。自分の住んでいる近くに「消えた村」があっても、知らない人はたくさんいます。私たちも、最初は学校の近くに「消えた村」があることを知りませんでした。本や資料以上に、実際に体験された方々のことばは伝わりやすく、心に響くと思います。村が消えてしまうのは悲しいことですが、忘れられるのも同じくらい悲しいと思います。ですから、次の世代に自分たちの経験をぜひ話してほしいです。そして、たとえ村は消えても、人の心の中にいつまでものこっていてほしいです。

私たちは、消えた村について調べ、考えたこの二年間でさまざまなものを学びました。たとえば、調べる前は、経済の発展のせいで仕事をなくし、村を出ることになった人がいるなんて考えもしませんでした。また、「下の町を守るために上の村にダムをつくる」という問題から、「社会的立場の違い」のせいで損をする人、得をする人がいるということも知りました。そこから、話し合いのときに、全員の意見を真剣に考える私たちの「子どもの村」の良さもあらためて知りました。それに、今までは社会問題といえば、第三世界の貧困や戦争など大きなテーマばかりを思い浮かべてきましたが、学校の隣にあった小さな村に、こんなにも大きな社会問題があるのだと気づきました。

消えた村は私たちに、多くの問題を多くの方面から考えさせてくれました。たくさんの人がこの問題を知るようになれば、たくさんの意見や考えが出てきて、私たちが今はまだ気づいていない、有効なそして面白い村の再生法が、まだまだあるような気がしてきました。この本が、多くの人が「消えた村」について考えるきっかけになってくれればと思います。

消えた村を調べるにあたって、当時の村のようすや楽しかった思い出、辛かった出来事を多くの方々に話していただきました。本や資料には載っていない、貴重なお話をたくさん聞くことができました。中野俣の多田治周さん、落合敏子さん、横倉の広瀬好行さん、西谷村の山本俊彦さん、徳山村の中村治彦さん、東ノ川の福屋欣吾さん、東ノ川を案内してくださった上北山村役場の方々、八丁を案内してくださった観光協会の藤野満さん、本当にありがとうございました。

この本は、二〇一二年度に、一年間かけて村々を訪れて調べ、完成させた自作の本、『消えた村の記憶と記録』をもとにして、二〇一三年度にさらに一年間をかけて加筆、修正をしたものです。二〇一二年度、共に活動した当時中学三年生の水上蘭さん、三宅一輝さん、稲垣雄亮さんにも感謝しています。

また、私たちの研究が、ホンモノの本として出版社から発行されることになり、信じられないほどの喜びと驚きでいっぱいです。最終原稿に目を通していただき、貴重なアドバイスをくださった黎明書房の武馬久仁裕社長と、丁寧に編集をしてくださった都築康予さんにもお礼をいいたいと思います。ありがとうございました。

そして、毎週、四つの学校をまわって、とても忙しい中、原稿に目を通してたくさんのアイデアをくれた学園長の堀さんにも感謝をしたいと思います。ありがとうございました。

子どもの村アカデミー　田村志織、長田のっこ

第六章

杉山の人とくらし

――福井県大野郡――

杉山と現在の福井県

1　恐竜の里、杉山

杉山《すぎやま》は、かつやま子どもの村小・中学校と同じ勝山市北谷町（元福井県大野郡北谷村）にあった集落で、学校の北西、滝波川支流の近くにあります。かつて北谷村には八つの集落があったのですが、中野俣《なかのまた》と杉山が消えてしまった今、北谷町には河合《こうごう》、谷《たに》、木根橋《きねはし》、北六呂師《きたろくろし》、中尾《なかお》、小原《おはら》の六集落が残っています。

この北谷の歴史は、縄文時代にさかのぼると考えられます。『越前北谷物語』（石井昭示、木犀舎刊、一九九八年）には、今のところ古代遺跡は発見されていないが、隣接区の栃神谷《とちがみや》から縄文土器が発見されているので、北谷も縄文人の行動範囲に入っていたことは間違いない、と書かれています。縄文時代といえば、今から一万二〇〇〇年前～二五〇〇年前まで続いたといわれています。

今から約五〇〇年前の室町時代には、北谷の中尾と北六呂師を除く河合、木根橋、谷、小原、杉山、中野俣と横倉を合わせて七山家《ななやまが》と呼ばれていました。『越前北谷物語』によると、安土桃山時代の七山家では、農民たちが一団となり一向一揆《いっこういっき》を起こしたといいます。

さて、この杉山は、日本でいちばん化石が発掘される場所でもあるのです。杉山の発掘現場は化石とともに「勝山恐竜化石群及び産地」という名目で、平成二九年（二〇一七年）二月九日に国の天然記念物に指定されています。また、『福井ロケーションガイド』というインターネットのサイトによると、日本で発見されている恐竜の化石の約八割が福井から見つけられています。日本で発見され、名前のついている恐竜の化石は全部で七種類ありますが、その内の五種が杉山地区の谷川ぞいで見つかっています。そしてそのすべてに学名がついています。たとえば、「フクイラプトル・キタダニエンシス」、「フクイサウルス・テトリエンシス」などです。学名の中に、発掘場所の福井や北谷、地層の名前である手取が入っています。

杉山の集落付近にある福井県立恐竜博物館の採掘場では、葉っぱ類や甲殻類をはじめとしてさまざまな化石が発掘されています。ほかにも恐竜の卵や、足跡の化石も見つかっています。杉山でも以前から化石が見つかっていましたが、村の人が見たのは、葉っぱの化石がほとんどだったそうです。山内千鶴代さんは「村では化石は当たり前だった」といわれていました。杉山に住んでいる人にとって化石はとても身近なもので、道端でシダの葉脈まできれいに出ている化石を見つけたりしたそうですが、不思議だとは思わなかったそうです。ほかにも水晶が混じった石が落ちていることもあったそうです。昭和五七年（一九八二年）に、杉山川でワニの全身骨格が発見されたのをきっかけに発掘調査がおこなわれて有名になりましたが、村の人たちはそのニュースを聞いて、初めて「そんなに価値のあるものだったんだ」と知ったそうです。

また、この本の編集をしている最中にも、杉山で新たに化石が発見されました。杉山には一億二千万年前（白亜紀《はくあき》前期）の地層があって、今回はその地層から日本最古の化石が一点発掘されました。二年前に足跡が見つかっていたヨロイ竜類とよばれる恐竜の歯の骨です。これらの化石は、アジアにヨロイ竜類が生息していたことを裏付ける貴重な証拠になるといわれています。

2 杉山のくらし

人口の変化と村の生活

私たちは、まず現地調査のために杉山へ行ってみました。山林に囲まれていて自然豊かなところでした。緑が多く、夏でも快適に過ごせそうな環境だと思いました。しかし、「人が住まなくなってしまった」と聞いた通り、村に人の声はなく、とても静かでした。『勝山市史』（高瀬重雄、監修、勝山市、昭和四九年九月一日）の人口データでは、明治四四年（一九一一年）の三九三人がもっとも多く、昭和四五年（一九七〇年）には六六人にまで減っています。昭和四〇年（一九六五年）から昭和四五年（一九七〇年）にかけては人口が半分になっています。元杉山区長の安岡邦雄さんの記憶によると、昭和三三年（一九五八年）には全部で三八軒の家があったそうです。しかし、昭和三八年（一九六三年）に五～六軒減り、昭和五六年（一九八一年）は全部で二

杉山を調べるため，何度も現地に足を運びました

〇軒ほどになり、平成に入ると八～九軒にまで減ってしまったそうです。しかし、栄えていた時代は、村にはとても活気があったと聞きました。安岡さんや娘さんの山内千鶴代さんにお話を聞かせていただくと、まず何より村での楽しい思い出が伝わってきました。行事の日になると、みんなが集まってにぎやかに話をしたそうです。子どもたちは学校が終わると、村じゅうを駆け回って遊んだと聞きました。

では、その頃はどのようなくらしをしていたのでしょうか。お話を聞いたり調べたりした結果、今とはちがう、この村らしい生活は昭和三〇～四〇年代（一九五五～一九六五年代）頃まで続いていたのではないかと思います。その時代までを中心に村のくらしを見ていきます。

杉山の人たちは朝起きるとすぐに、火の取りあつかいに注意を呼びかける「火の用心」がありました。小学生とその親を中心に当番制で、六時三〇分になると村じゅうを回っていました。テレビはなく、子どもたちは、「はないちもんめ」や「なわとび」などをして遊んでいました。

杉山に電気が通ったのは大正時代です。北谷のほかの集落の中には、昭和になっても電気の通っていないところもありましたが、中尾集落に発電所が設置され、隣の集落である杉山にもこの時期に電気が通ったの

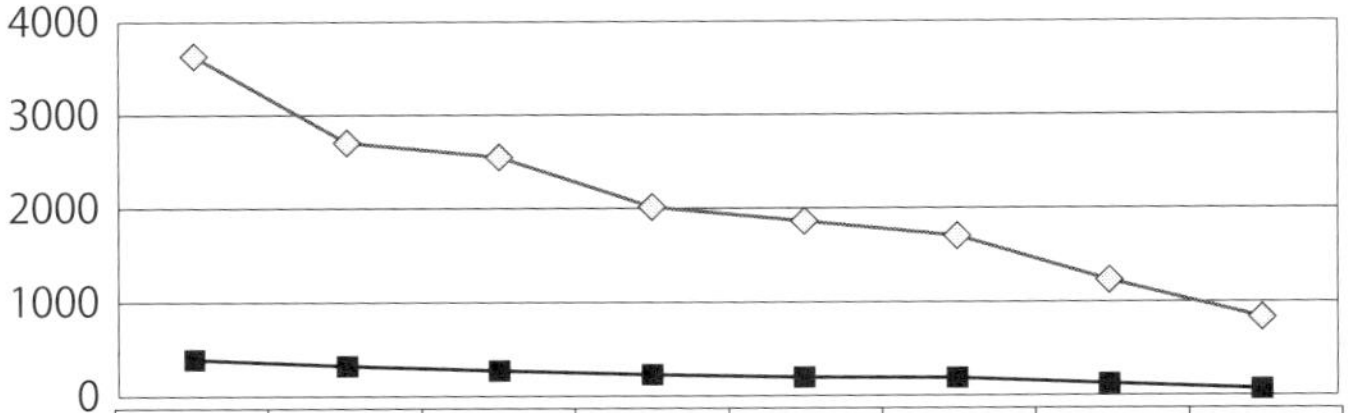

	明44年	大9年	昭5年	25年	30年	35年	40年	45年
■ 杉山の人口	393	324	273	229	199	190	126	66
◇ 8集落の人口	3630	2703	2547	2013	1860	1699	1232	833

『勝山市史』のデータを元に作成

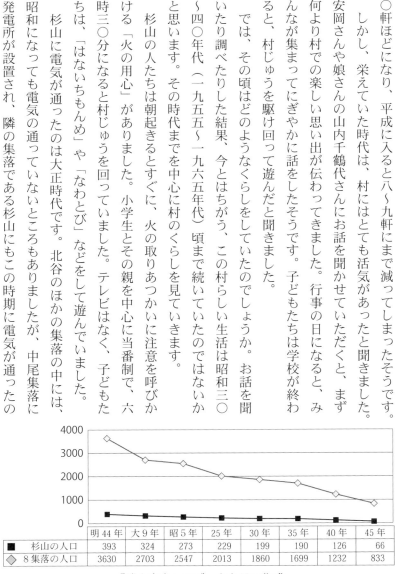

です。多くはありませんでしたが、昭和一八年（一九四三年）頃にはラジオを持っている家もありました。安岡さんの家に多くの人が集まって終戦の玉音放送を聞いていたのを覚えているとおっしゃっていました。安岡さんは当時一二歳でした。また、テレビが普及し始めたのは昭和三八年（一九六三年）頃で、安岡さんは翌年のオリンピックをテレビで見たそうです。昭和五〇年（一九七五年）頃になると、どの家庭にもテレビや電話がありました。しかし、そのころになっても村に電話回線は一つしかなく、ある家庭が会話しているとほかの家は電話が通じなかったそうです。ほとんどの人が携帯電話をもっている今では考えられません。

ラジオやテレビが普及するまでは、集落により日常のことばの違いがはっきりとみられました。杉山のことばは隣の集落の中野俣や中尾などとも、また違っていたそうです。杉山の人たちの姓は「安岡」「佐々木」「柳橋」が多かったため、姓ではなく名前や「きよみちゃん」「みやこちゃん」などのニックネームで呼び合っていました。また、杉山は昔から村外の人とのかかわりが強くありました。他所からお嫁に来る人の割合も多かったそうです。

一時期は村に小さな店があり、食料品や日用品などの買い物ができました。昭和四〇年（一九六五年）頃になるとその店もなくなってしまいましたが、移動販売車が来るようになったため、食品などは買えました。移動販売車は週に一度か二度来て、品揃えは村の店と変わらなかったそうです。た

標準語	方言（杉山）
教える	オソエル
美しい	ウツクショイ
行かれる	イキナハル
来られる	キナハル
終始	イツモカーモ
反対	ハンタラカイ

だ、服などは売っていなかったので、自分たちでつくるか、町で買うかしかありませんでした。杉山の多くの家では蚕が飼われていて、布団やはんてんなどはお母さんたちがつくりました。

杉山から勝山市の中心地までは徒歩で約二時間かかりました。そのため町にはたまにしか行くことができませんでした。町に行くときは、多くの場合、売るものも用意して行ったそうです。野菜やわら細工などを売っていました。売れた分のお金で服などの生活必需品を買うこともありました。北谷の隣に栃神谷《とちがみや》という集落があり、ここに個人経営の店が一軒あったそうです。日用品のほとんどはこの店で買えました。市内まで出るのは遠いため、ほとんどはここで買い物をしました。

風呂は、もらい湯をする人が多かったと聞きました。もらい湯とは、ほかの家の風呂を使わせてもらうことです。昔は、風呂は薪で焚《た》いていました。数人程度しか入らないのに各家庭で薪をたいて沸かすのは効率が悪いため、親戚や近所の人たちが入りに来ていたのです。風呂に入ったあとは囲炉裏《いろり》にあたりながら世間話などをしてから帰ったそうです。昭和五〇年（一九七五年）頃になるとボイラーで沸かすようになりました。それで、このもらい湯の習慣もなくなったそうです。

杉山では、私たちの生活ではめったにないような習慣があり、村民同士は仲が良かったのだなと感じました。自分のことだけではなく村の全員のことを気づかいながらお互いに協力し合って生活をしていたようです。このように人々のかかわりが強く、長年続いた杉山なのに、なぜ人々がいなくなってしまったのでしょうか。さらにくわしく当時のくらしを見ていきたいと思います。

杉山の食文化

杉山では自分たちで食べる野菜や米の多くを自分たちで育てていました。ジャガイモ、しいたけ、カブ、ダイコン、葉っぱ類やタロイモなどをつくっていました。山菜のほかにも、アケビや山ブドウも食べていました。一昔《ひとむかし》前は、米は貴重品だったので、ヒエやアワなどをまぜて食べたそうです。北谷にあった杉山、小原、木根橋、中野俣、谷、河合、北六呂師、中尾の八集落のうち、杉山は三番目に米が多くとれていました。小さな村なのに収穫量が多かったので、食糧難にはならなかったそうです。

また村の人たちは、イワナやアマゴなどの魚を杉山川で捕っていました。子どもたちは川の中をかき回して手づかみで、大人たちはたいまつの火で魚を水面近くまでおびき出して、三角やすで突き刺して捕りました。秋の大事な産卵期にはだれも捕りませんでした。春から夏にかけては毎日のように魚を捕っていましたが、当時は魚の数が減ってしまうことはなかったそうです。捕った魚はうどんといっしょに煮込んだりして食べたそうです。

杉山で「肉」といえば豚肉ではなく牛肉でした。それも年に一～二度ぐらいしか食べられなかったそうです。その牛肉は、ふもとの勝山の町まで買いに行っていました。移動販売車が来るようになると、ウィンナー・ソーセージを買うこともありました。また、それ以前は冬に狩りで捕ってきたウサギを食べたり、クマの肉を分けあったりもしたそうです。そのほか、ニワトリを飼ってタマゴをとる家や、ヤギを飼ってミルクをしぼる家もありました。昭和二六年（一九五一年）の時点で、北谷全体では、五八軒が二四九羽のニワトリを飼っていました。

冬になると雪が積もるので畑仕事ができません。そのため、冬に入る前は保存食をつくりました。その頃はニシンが安かったので、これを使った保存食もたくさんありました。ニシン大根、ニシン漬け、ニシン寿司、たくあん、味噌漬け、干し芋、ダイコンの千切りなどがありました。とくに、ニシン大根は、ほとんどの家庭でつくられていたと聞きました。安岡さんのご家庭では、今でもつくっているそうです。また、大正時代には京都電燈という会社によって、現在の福井市から勝山市や大野市まで鉄道が開通し、浜辺と勝山の行き来がしやすくなりました。その後、昭和五〇年（一九七五年）ごろまで、月に何度か三国からサバとニシンを売りに来るおばさんがいたそうです。そのおばさんから、サバを買って「なれずし」などをつくっていました。これは、ニシンの保存食とともに冬の貴重なタンパク源でした。現在でも北谷の人たちは「サバのなれずし」をつくっています。私たちも学校のすぐ上の谷という集落で冬に開かれる「お面さん祭り」で、食べさせてもらいました。麹《こうじ》と米を混ぜたものがサバの中に入っていて、今までに食べたことのない味でした。

杉山の食文化についてお話をうかがっていたとき、杉山カブラという野菜を安岡さんに教えてもらいました。このカブは、杉山で栽培しないと、「杉山カブラ」の味にならず、同じ種でも別の土地で育てると違う味になってしまうそうです。杉山カブラの特徴は上が赤紫で下が白色で、この外見は同じ福井県大野市の旧和泉村でとれる穴馬《あなま》カブラと似ています。一般のカブと比べて香りが強く、また、上の葉っぱまでおいしく食べられます。杉山カブラは、八月に種を植えて、十一月には収穫を終えます。村の人たちは、収穫の時期になると、朝の四時ごろに村を出て勝山の町まで運び、杉山カブラを売りに家々をまわったといいます。お得意さんが多く、午前中には完売するほど人気だったうえ、町に出るのは一苦労だったので、次の予約を取って村に帰ったそうです。

交通

杉山の道がよくなったのは最近になってからです。以前は舗装されていなくて、砂利道でカーブが四〇ヵ所ほどありました。移動の手段は今と違い、歩きが主流でした。歩きだと町まで行くのに二時間ほどかかりました。そのうえ、下駄や草履《ぞうり》をはいていたのでたいへんでした。女の人は着物をきて外に出るのでさらに動きづらかったそうです。しかし、女性でも、お彼岸《ひがん》や報恩講《ほうおんこう》の時は町に出たそうです。

この道路は、明治時代は一・二メートルほどの幅でしたが、大正になると馬車道にするために広げられて三メートルほどになりました。その後の工事でさらに三・五メートルほどになります。しかし、道幅が広くなっても、昭和三五年（一九六〇年）頃まではまだ舗装《ほそう》されていませんでした。村には、昭和の中頃まで車を持っている人がなかったので、現在のような道路は必要とされていなかったのだと思います。自動二輪の大きいバイクをもつ家はあったそうです。村に初めて車がきたのは、今から五〇年ほど前です。村じゅうの人が見にきて「車ってこんなものなんだ」といっていたそうです。その後、多くの家が車を購入するようになったころに、安岡さんたちが「村も地元負担金を支払うから」と市役所に陳情しにいって、それから整備が始まったと聞きました。北谷の中では道路整備が早くすすんだ方でした。何度か舗装されて今と同じように車が通りやすい道になったのは、恐竜の化石が発掘された一九九〇年代になってからです。その後は、カーブも少なくなり快適に町まで行くことができるようになりました。

山内さんは、「村に住んでいる家が三〜四軒にまで減ってしまってから道が整備された」、「もう少し早く道が舗装されていたら、村から人がいなくなるのを防げたかもしれない。もっと早くしてほしかった」とおっしゃっていました。しかし、いっぽうで舗装してしまうと道端にある化石などが見つからなくなってしまいます。「子どもたちにとっては舗装されていない道の方がよかった」という声も聞きました。子どもたちが歩いていると、植物や石などが目につくので、自然に発見があったというのです。道が早く舗装されたほうがよかったという意見と、道は舗装されないほうがよい、という意見の両方があるのです。

「もし、道が良くなったときに村にまだ多くの人が住んでいたのなら、本当にみんなが村を出たのだろうか？」

「杉山の化石などの価値が、もっと早くに分かっていたら、今ごろ村は、どうなっていたのだろう？」

勝山市役所で，山内千鶴代さんから話を聞きました

山内さんにはいろいろな思いがあるようです。

畑・田んぼの仕事

杉山では、畑と田んぼが主な仕事でした。いちばん忙しいのは、田植えと野菜を植える時期が同じ五月でした。そのため、春と秋では仕事をする時間がちがいます。忙しい時期は朝、明るくなるとすぐに食事をすませて仕事に出かけ、夜七～八時に家に帰ってきました。春から秋の彼岸《ひがん》にかけては仕事の合間に昼休みがあって、一時から二時ぐらいまで昼寝をする時間をとっていました。夏は朝早くからずっと働き続けているので、この昼休みがないと体がもたなかったそうです。秋の彼岸がすぎると、昼寝の時間はなくなり、一時ごろから仕事に入るようになります。

家から畑や田んぼに行くのに、遠くて徒歩二〇分ぐらいだったそうです。山仕事に行くには片道一時間以上かかる人もいました。

北谷での田んぼの仕事は四月の中旬ごろにイネの種をまき、苗になるまで育てる苗代づくりにかかります。この頃は、朝の四時半頃に食事をして、代《しろ》かきに行ったそうです。そして、五月頃に田植えを終えます。収穫、脱穀、精米は十～十一月のあいだにおこないます。秋の取りいれを終えて冬になると、わら仕事をしました。出稼ぎに行く人もいました。

わら仕事

杉山でも、ほかの北谷の集落と同じように、冬になると、田んぼや畑の仕事の代わりにわら仕事をしました。そのため、冬も忙しかったそうです。今の機械化された農業からは考えられないことです

村の人が使っていたわらの道具

が、昔は「むら人は一本の藁も無駄にしなかった」と『越前北谷物語』に書いてありました。わら製品をつくるには、わらを柔らかくした「かちわら」を使います。ハンマーのような槌《つち》という道具でまんべんなく叩いて柔らかくするので、どの家の板の間にも「かち石」がありました。雪が降る頃になると、田んぼを持っていない人が石川県の白峰から峠を越えて谷集落まで稲わらを買いにきました。わらは農家の必需品だったのです。この頃はどこの家にも一年間に使うわらがおいてありました。

稲わらでつくられた道具は、草鞋《わらじ》、草履《ぞうり》、なべしき、いずめ（子どもを入れるわらの桶）、米俵、背中あて、むしろ、わらぐつ、しめ縄などがありました。馬のエサにも使いました。着用、生活用具、居住用、生産用具、運搬用具、飼育・肥料、祭祀《さいし》など、それこそ生活の中のあらゆるところで使われていたのです。

炭焼き

炭焼きは、山の農民の兼業としておこなわれてきましたが、仕事として一般化したのは明治以降です。北谷でも昭和三〇年（一九五五年）代まで、養蚕と並ぶ主要産業でした。勝山市での木炭の生産は昭和二六年（一九五一年）頃がピークで、昭和三七年（一九六二年）頃まで続いていました。

明治時代の物産表によると、当時の木炭産業は河合・木根橋・小原・谷・中野俣集落でおこなわれていました。しかし、その後、杉山でもおこなわれるようになったようで、村の人たちにお話を聞くと、「ほんの少しだけど、杉山でも炭焼きをする人がいた」、「杉山でも炭を売っていた」といっておられました。かなり高い値段で売れたそうです。この炭焼きは男性の仕事で、女性は炭焼きには行きませんでした。

北谷は雪の降る期間がとても長いので、炭をつくる人の中には、あまり雪の積もらない地方に炭焼きに出る人もいました。行き先は滋賀、岐阜、長野、愛知などです。この人たちは「越前衆」、「越前炭焼」などと呼ばれていました。はじめは冬だけの出稼ぎでしたが、年間を通じて炭焼きができるということで、夏も北谷に帰らない人もいました。戦時中はガソリンの代用品として、戦後は戦災都市の復旧のため、木炭の需要が多くなりました。都会では、木炭が米や衣類と同じように配給されていたそうです。この頃、北谷の木炭や薪材《しんざい》の生産高は、農産物に匹敵するまでになっていました。

昭和三四年（一九五九年）頃から徐々に木炭の需要は減り始めますが、谷、小原、木根橋、中野俣を中心に製炭者が一二〇戸、兼業も一〇四戸を数えました。しかし昭和三七年（一九六二年）頃に始まった燃料革命にともない、家庭燃料が石油、プロパンガスに代わり、木炭の需要がなくなりました。こうして、北谷の木炭や薪は生産されなくなっていきました。

養蚕

明治から昭和初期にかけ、養蚕《ようさん》は木炭とともに北谷の主要な産業でした。しかし養蚕を専門にする農家はなく、すべて兼業でした。杉山でも多くの家の二階で蚕棚をつくって蚕を飼っていました。大正六年（一九一七年）の『大野郡要覧』によると、勝山の村の中で養蚕戸数、収穫量ともに北谷が一番です。『越前北谷物語』によると、昭和一一年（一九三六年）の集落ごとの繭《まゆ》の収穫量は、小原・七三〇貫（約二七三八kg）、中野俣・四二三貫（約一五八六kg）、杉山・三八五貫（約一四四四kg）、木根橋・二八二貫（約一〇五八kg）となっています。（一貫は三・七五kg）。

しかし、昭和五年（一九三〇年）に、世界恐慌の影響で日本でも不況が深刻化しました。繭の値段も半分以下になり、日本中の養蚕農家は打撃を受けました。昭和六年（一九三一年）になると、収穫量は前年の半分ほどに、その年内にもう半分に減りました。昭和一二年（一九三七年）には、日中戦争が起こり、軍需物資として木炭の重要が高まると、北谷の主要な産業は製炭になります。昭和一一〜一四年（一九三六〜一九三九年）にかけて、養蚕をする農家は九五戸から六八戸まで減りました。

3　杉山の子どもたち

「私は遠い昔の山の学校を思い出していた。名前は福井県勝山市立北谷小学校の杉山分校という。子どもが三〇人足らず、教師は二人しかいない。この小さな学校に私の母が勤めることになった。私自身は隣の小学校の四年生だったのだが、なぜかこの学校が好きになってしまって、ことあるごとに出かけて行ってその雰囲気を楽しんだ。クラスは二つしかない。複々式学級である。一〜三年生は私の母親が、隣の上級生は六〇歳近い男の先生が教えていた。二つの教室はつながっていて、たとえば算数の授業中でも大きい子が三年生くらいの子のところへやってくる。そしてささやくのだ。『この問題がよくわからん。教えてくれないか。』教えてもらった上級生は『サンキュー』といって帰っていく。

子どもたちは職員室へ頻繁にやってきて、にぎやかにおしゃべりを楽しむ。よく笑う。教師である私の母親にじゃれつく子、男先生に『はなしてー』とせがむ子など、とても和やかなのだ。男先生は昔話がとても上手で、子どもたちから『はなしてー』といわれると、まず『私はもう歯無しだー』と応じるのであった。二人の先生は、村の人ともとてもいい関係が続いていた。後年、私が学校づくりのモデルとして思い浮かべたのは、ニイルのサマーヒル、デューイの実験学校、そしてこの山の学校である。」（堀真一郎『自由学校の子どもたち』黎明書房、一九九八年）

私たちの通う学校の学園長、堀さんが杉山分校について書いた文章です。堀さんがこの杉山分校もモデルに子どもの村をつくったのなら、きっと子どもの村に似た明るい学校に違いありません。人数こそ少ないですが、先生と子どもたちの距離が近くて、とても楽しそうな雰囲気が伝わってきます。

北谷小学校と杉山分校

中野俣について書かれた第一章でも説明していますが、北谷には河合《こうごう》にあった本校に加えて、三つの分校がありました。

かつて北谷の子が通った溪嶝《けいとう》小学校は、明治七年（一八七四年）に栃神谷《とちがみや》と中尾、北六呂師、河合、木根橋の五区を校下として開校しました。栃神谷は、北谷町の隣にある村岡町《むろこちょう》の集落です。児童の数は男子四〇人、女子二人と、かなり偏りがありました。そのころは、教師三人で指導していました。

また、同じころに谷集落にも小学校が創立されました。その後、河合尋常《じんじょう》小学校ができて、子どもたちがそちらへ通うようになったため、渓嶝小学校は廃校になりました。そして、河合尋常小学校と谷尋常小学校が合併し、名前を変えて北谷尋常小学校になりました。杉山と中野俣の学校のはじまりはいくつか説がありますが、この北谷尋常小学校の分教場（分校）というあつかいになりました。また、渓嶝小学校の分教場だった小原の学校は独立しますが、あとになって北谷小学校の分校になりました。

杉山分校には、多いときは三人の先生が寄宿舎に泊まり、四〇人の児童を教えていたこともありました。「杉山分校にいる子どもたちは素直で温順」、「上級生は下級生の面倒をよく見てくれた」と『北谷小学校百二十年史』（石畝弘之編纂、北谷小学校百二十年史実行委員会、平成七年八月十日）に書かれています。北谷小学校が最後の卒業式を迎えた時に、『若木』という文集がつくられました。そこには本校や小原・中野俣分校と並んで、杉山分校に通っていた方や教員をされていた方の文が載っていました。「私は杉山分校で子供らしい時代を送らせていただきました。心の中にキラキラ光る物を残していただきました」、（杉山分校の子たちは）「大自然の中で元気よくとびま

今は取り壊されてなくなってしまった杉山分校
（学園長・堀さん撮影）

わって明るく仲のよい子たちだった」などさまざまな思い出が書かれています。私たちはこの文集を読んで、村の子どもも大人も、本当にこの分校が好きだったんだなと感じました。

子どもの生活

杉山分校では、始業時刻は、夏は八時一五分、冬は八時三〇分でした。時代によって多少異なるかもしれませんが、北谷にかんする文献などを参考にする限り、大差はないように思われます。ほとんどの子は学校の近くに住んでいましたが、なかには二〇～三〇分かけて登校する子もいました。

授業時間は今の学校とほとんど変わらず約六時間です。一時限は四〇～四五分でした。昼休みになると、いったん家に帰って家族といっしょにお昼ご飯を食べる子もいました。時間が余ったら遊んだりもします。その後、学校にもどり、また午後の授業があります。学校が終わるのは約三時です。宿題は、ドリルや漢字の書き取りや読書などがあったそうです。とはいえ、予習や復習があまり多くなかったので、授業が終わると、すぐに遊ぶ子たちが多かったようです。村の人に当時を振り返ってもらうと、のんびりした雰囲気だったといいます。

冬は雪が降っているので、家が遠くにある人は、かんじきを履いて学校に通いました。かんじきとは、雪の中に足が深く入るのを避けるために、ふかぐつ（わらでつくった長靴のようなもの）の下に履くもので、多くの人は木の枝やつるを輪にしてつくる「輪かんじき」を履いていま

かんじき

した。雪が多い日は、登校の前に、親たちが道を踏み固めてくれたそうです。杉山川の向かい側に住んでいる子どもたちは、冬に通うのはたいへんでした。谷川へ降りてまた登ってこなければならないからです。この子どもたちは、大雪や吹雪のときには休む日もありました。

杉山分校を含めて北谷の本校も分校も、村の人口の減少とともに、児童数が減っていきました。昭和三八年（一九六三年）の豪雪のあと、中野俣の分校校舎が使えなくなってしまったため、翌年の昭和三九年（一九六四年）に校舎の建て替えをしました。ところが、中野俣には昭和三九年（一九六四年）にはおじいさん一人しか残っていませんでした。このとき、住民はほとんど村を離れてしまっていて、子どもはいなくなっていたのです。昭和四〇年（一九六五年）に中野俣分校は廃校となり、この校舎を一度解体して杉山に持ってきて組み立てなおしました。

杉山分校でも平成元年（一九八九年）に子どもが一人だけとなり、その最後の一人が卒業して、平成二年（一九九〇年）から休校となりました。その後、校舎は、北陸電力から勝山市へ寄贈された水力発電機などの保管場所として使われました。当時は、現在のようには道路の整備がされていなかったので、杉山分校に駐車場をつくって化石の発掘現場に行けるようにしたこともあったそうです。また、校舎を活用してイベントができるように、平成七年（一九九七年）には改修工事がおこなわれています。ほかにも、一泊二日で杉山分校を中心にして登山や化石の学習会などの体験プロジェクトが開かれたりもしました。その効果があって、発掘現場の見学者やイベントの参加者を中心に、杉山を訪れる人もふえました。

先ほど取りあげた『若木』には、お話を聞いた安岡さんの文も載っていました。安岡さんは、「校舎が残っているのが幸いである」、「いつまでも残っていてほしいと思う」と書いておられました。しかし、平成二五年（二〇一三年）には、その校舎も解体され、今は残っていません。

学校の授業

お話を聞かせていただいた杉山の元区長の安岡邦雄さんが子どもだった昭和一五年（一九四〇年）頃は、戦時中で軍国主義の時代でした。終戦後、昭和二二年（一九四七年）から学制改革がおこなわれ、学校の制度、とくに学校の種別体系が改革されました。その前は複線型の学校系統でしたが、単線型になりました。それまでは、例えば同じ一三歳でも国民学校高等科や青年学校、中等学校などさまざまな道に分かれていました。しかし、学制改革によって現在の義務教育の形になり、すべての子どもが小学校から高校まで、六年、三年、三年制の学校体系のもとで学ぶようになりました。その頃、杉山分校は、上級生と下級生の二クラスでした。教室も二つしかありませんでした。一九五ページの堀さんの回想文にもあるように先生も二人しかいなくて、三学年につき一人の先生が教えていました。二学年でまとまって授業を受けるクラスを「複式学級」といい、杉山のこれは「複々式学級」と呼ばれます。明治時代の溪嵱小学校にも三人しか教員がいなかったので、昔の北谷は複式学級や複々式学級がめずらしくなかったに違いありません。

杉山の複々式学級では、一年生の子に勉強を教えているときは、二・三年生の子は自習のような形でした。高学年になると、四～六年生が合同で授業を受けます。この分校は人数が少なく、全学年で二〇人くらいでした。しかし、「ベビーブーム」のときは、四〇人くらいの子どもがいたそうです。ベビーブームとは、出生率が急激に上昇することで、第二次世界大戦後の日本では、昭和二二〜二四年（一九四七〜一九四九年）、昭和四六〜四九年（一九七一〜一九七四年）の二度にわたってみられました。

小学校までが義務教育だった時代は、杉山の子どもたちの多くは卒業後は進学せずに就職したといいます。しかし、就職するといっても、小学校を出たばかりなので、ほとんどが奉公だったそうです。当時、進学する子たちは、高等科に行きました。進学しても、一年でやめて働く人もいたそうです。戦後、中学校ができたあとは、生徒は夏になると河合の本校に通い、冬は杉山分校（小学校）の隣の小さな冬季分校で学ぶようになりました。

学校行事

毎年二月十五日に、杉山分校では学芸会がおこなわれていたそうです。この学校では、いつもは教室を二つに区切って低学年と高学年にわかれて授業をしていました。学芸会のときは、仕切りを外して大きな部屋にして使いました。一クラスの半分を畳で舞台にして、劇をしたり歌ったりしたそうです。学芸会のときは、村じゅうの人が弁当を持って参加しました。

学芸会は、中野俣分校でもしていました。杉山にいちばん近い集落だったので、中野俣の学芸会も見に行ったそうです。本校の北谷小学校で行事があるときは、三つの分校の人達は、本校に集まっていっしょに活動しました。杉山分校は、中野俣分校よりは遠くはありませんが、それでも本校まで五、六キロメートルを歩いて行かなければなりませんでした。

子どもの遊び

杉山は小さな村なので、子どもたちの遊び場は、校庭、神社、そして山でした。人気があった遊びは、戦争ごっこ・なわとび・石蹴り・石倒し・缶蹴り・はないちもんめなどでした。女の子はしませんでしたが、ウサギ狩りもしていました。スキーや雪合戦などを除いて、男の子と女の子は別々に遊んでいました。男の子に人気のあった遊びは、戦争ごっこ、ウサギ狩りなどで、村から見える山のてっぺんまで走り回っていたそうです。戦時中は、子どもたちが兵隊に憧れていた時代です。子どもたちは兵隊のまねをしたくて、戦争ごっこがとくに人気がありました。また、安岡さんが子どもの頃は、いたずらで畑からスイカやウリをとる子もいたそうですが「やんちゃで、どうにもならん」と愚痴をいわれたぐらいで、きびしく怒られなかったそうです。女の子に人気のあった遊びは、はないちもんめや石倒し、ままごと、お手玉などです。

日本で初めてできたスキー場は、明治四四年（一九一一年）に開設された山形県の五色温泉スキー場です。この頃から日本中でスキーをする人もふえました。もちろん杉山の子どもたちはそんな遠くまでは行けないので、畑の段差でしていました。そのため、たくさん雪が積もらなくてはできませんでした。昼に気温が上がり雪が溶け、夜になって少し気温が下がると、その上を歩けるほどに雪が硬くなります。このようなときには、翌日に肥料のビニール袋で斜面を滑っていたそうです。

杉山の大人たちは真っ暗になるまで山や畑で働いていました。そのため家に帰ってもだれもいないので、子どもたちも暗くなるまで遊んでいました。

子どもの手伝い

第一章の「中野俣」でも紹介していますが、学校を休む子どものほとんどの理由は、家の手伝いでした。戦前まで、親は子どもに、勉強よりも家の手伝いを優先させていたからです。小学生でもできる仕事はたくさんあったので、子どもは仕事の方を優先し、学校に休みをもらったといいます。手伝いの中には、仕事でもあり遊びでもある作業もあったそうです。イモ掘り、ダイコン抜き、まき割りなどはおもしろい仕事だったそうです。

安岡さんの娘さんの山内千鶴代さんは「子どもも大切な労働力だった」とおっしゃっていました。稲刈りの時期は、大人は土曜・日曜も休む暇がなかったといいます。子どもも、学校が終わると家にカバンを置いてすぐに田んぼへ向かい、家族総出で収穫をおこないました。トラクターや耕運機などの機械がないので、田起こしはウシやウマに鋤《すき》を引かせておこないます。稲を刈るのも、刈った稲を運ぶのも、稲架《はさ》かけもすべて手作業でした。そのため、子どもの手を借りるのは当然だったといいます。農作業は家族の全員でおこなうものでした。この手伝いのおかげで、家族は共に作業をし、子どもは働いている両親を見て親の気持ちを考えて、家族の絆《きずな》が深くなったと山内さんは話されていました。このような風景があたりまえだった当時を思い返して、「日本でいちばんいい時代だったかもしれない」といわれていました。

農作業のほかにも、生活のいたるところで、親は子どもの年齢に応じて仕事を割り当てました。子守、おつかい、まき割り、野菜の収穫、囲炉裏《いろり》の火の番、雪おろしなどがあります。今日では危険だと思われる仕事もありますが、当時は「特別に危険や難しい技術をともなわない仕事は、子どもたちもするもの」と考えられていたようです。中尾や杉山には、休みになるとスンバ（焚《た》きつけにするためのスギの葉）を拾って、勝山の市内まで片道八キロメートルの道のりを売りに行く子もいました。売ったお金で、学用品、おもちゃ、お菓子などを買う子もいたそうです。

しかし、機械化が進められた結果、ウマも、稲架も、子どもの手伝いも必要とされなくなりました。

山内さんからお話をうかがう

4　杉山の伝統行事

多くの人が住んでいた時代、杉山にはたくさんの伝統行事がありました。「ほかでは聞いたことのないほど特別めずらしい行事」というわけではありませんが、村の人々が大切にしていた年中行事です。

お七夜

第一章の「中野俣」でも書かれていますが、浄土真宗の開祖である親鸞《しんらん》が亡くなるまでの七日間を

「お七夜」といいます。

お七夜は各地でおこなわれている仏事ですが、杉山では、一ヵ月遅れの十二月二五日、二七日、二八日におこなわれていました。二五日と二八日は朝から、二七日は夜からだったそうです。村の人たちは手分けをして準備をおこないました。この日はきちんと正装をし、化粧もしました。

仏事のとき、本来はお寺でお参りをします。しかし、お寺が遠くて行けない集落には道場があり、そこでお参りをする習慣がありました。普通、道場は一つの村につき一つですが、杉山には上道場と下道場の二つもありました。そのため、お七夜も分れてしていました。杉山の上道場には、勝山市内にある浄願寺（浄土真宗）の仏様が置かれていました。下道場は、どこかのお寺の仏様をまつるのではなく、この村だけの仏様を置くことが特別に許された道場だったそうです。

お七夜は、村の人たちの楽しみな日でした。子どもたちは風呂敷にガヤ、クリ、吊るし柿、ぎんなんなどを家から持ち寄って、道場に行って夜を過ごしました。騒いでいると道場主に怒られたりもしたそうです。二七日にはお勤め（お経）があり、そのあと夜食としてぜんざいが出ます。子どもたちはこのぜんざいをとても楽しみにしていたと聞きました。この時期は冬休みだったので、二七日は子どもも大人と一緒に夜遅くまで起きていてもよかったそうです。道場に泊まるわけではなかったようですが、深夜まで起きていた年もあったそうです。

ほとんどの家が専業農家だったため、普段はいそがしく、話をしても立ち話程度だったため、お七夜の時はご飯を食べながらずっと話していたそうです。当時を振り返って「お祭りみたいな雰囲気だった」と安岡さんはいわれていました。

正月行事

杉山では、正月の一日は「年頭初め」といいました。朝の六時ごろに着物と羽織を着て道場に集まり、初詣に行きました。その後は近所の家々に、年始のあいさつに回りました。二日は「うたい初め」と呼ばれ、謡曲をお年寄りから習います。四日は「使い始め」といい、わら仕事や馬の道具をつくりました。女性は「かせ」といって床織物に使う糸をつくります。三日は、特別な行事はなかったようです。七日は「七草粥」の日で、米にダイコン、ニンジン、ゴボウ、セリ、ナズナなど入れて食べました。

十五日、十六日は「いんねん」の日で餅やおかゆを煮ます。十五日に食べるおかゆを「十五日がゆ」、十六日は「十六日がゆ」といいます。綿皿というきれいな絵の描かれた美しい器に取りわけて食べました。

どたん祭り

雪がとけて、田植えが終わったら、一息つきます。神社に村の人が集まって、話したりご飯を食べたりしました。田植えまでは仕事で忙しいので、どたん祭りはみんなでにぎやかにしてとても楽しい行事だったそうです。「あおた祭り」とも呼ばれていました。

夏祭り

八月十五日のお盆には、神社に住民たちが集まり、のぼりを立てて神様をお招きします。ちょうちんをつるして、レコードの音楽を鳴らして、太鼓をたたいたり、盆踊りをしたりして楽しみました。村の人たちは、田畑や山の仕事など、日頃は休みなく働いていました。この夏祭りは、昼から遊んでも許される数少ない日でした。子どもたちは、お母さんの手づくりの浴衣を着ていったそうです。

報恩講

毎年、雪が降る十二月の初め頃、手次寺（福井東別院）の僧侶を招いて、道場でお説教（宗教の教義のお話）がありました。その前後に、各家で報恩講《ほうおんこう》がおこなわれ、お客さんを招きました。そして、またそのお返しに呼ばれていったそうです。この報恩講のことを北谷では「ほんこ」、「ほんこさん」といいます。

報恩講の時は、精進料理を食べます。メニューは、高盛りご飯、平《ひら》（大根、人参、ごぼう、里芋の煮しめ、油揚）、壺《つぼ》（小豆の煮もの）、猪口《ちょく》（ぜんまいなどの白あえ、ジンダ）、大根と人参のナマス、おつゆがあります。また、回して取りわける大鉢に、からしごぼう、お葉漬け、帚木《ほうき》の実（見た感じが魚の卵に似ているところから畑のキャビアとも呼ばれている）などがあります。小豆の煮ものは、親鸞が好んだといわれ、欠かせないものでした。手をつけない料理は、持参した重箱につめて持ち帰ったそうです。

報恩講は一年で最大の仏事で、子ども達が待ちわびる日です。仏恩《ぶつおん》と、一年の収穫への感謝、親類と縁者が集まって親睦を深める機会を兼ねていました。出稼ぎをする家は、早めに済ませて仕事に出ました。

村の人たちは、お七夜や報恩講をとても楽しみにしていたそうです。ほとんどの家庭が農業をしていたため、土・日曜日にも仕事がありました。そのため、先にも書いたように、村の人たちは立ち話などはしても、一同に集まってゆっくり話す機会はあまりありませんでした。行事のときは、みんなが集まって楽しく話したり、遊んだりしました。山内さんは、みんなで楽しく交流する様子を見ると、とても嬉しかったといいます。行事は、村の人にとって大きな楽しみだったのです。

5　杉山の冬

中野俣、横倉、西谷村の第一〜三章でも紹介しているように、福井県の奥越地方は豪雪地帯と呼ばれています。杉山も、私たちの通う学校がある河合などほかの北谷町の集落と同じく、とてもたくさんの雪が降ります。福井県の雪の特徴は「ベタ雪」にあります。水分を多く含んでいる雪で、重いのが特徴です。北海道や東北地方などで降る粉雪よりもこのベタ雪のほうが建物を損壊させやすいのです。それでも村の人たちにとっては雪がたくさん降るのは普通のことで、雪が降っても特別に不自由に感じることはなかったといいます。山内さんは、雪の降る日でも、子どもの足で一時間かかる杉山口のバス停まで、町から帰る親を迎えに行ったと聞きました。冬には雪のあるくらしを楽しんでいたといいます。

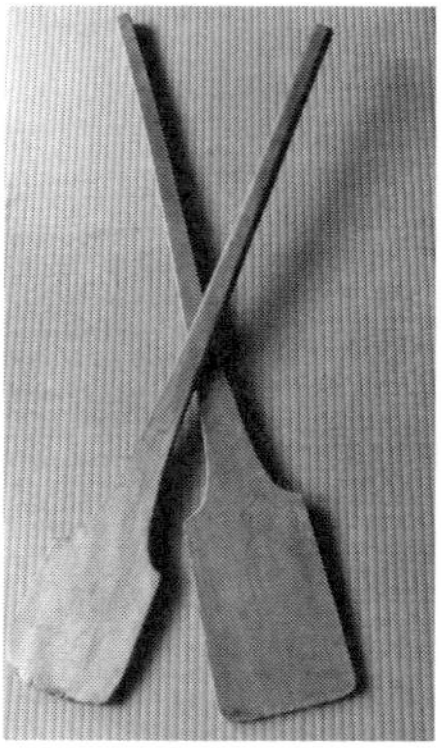
バンバ

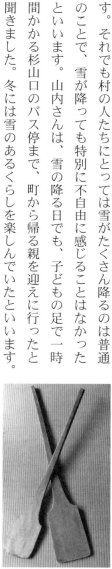

雪かきの方法は今とは違い、木でつくったスコップや大きいしゃもじのようなバンバという道具を使っていました。子どもたちも、小さい時から手伝うのが普通でした。小学生の高学年になると屋根の雪下ろしを手伝ったそうです。

また、雪を屋根から三回下ろすと、屋根の高さまで雪が積もってしまうため、外に出やすいよう自分たちで雪の階段のようなものをつくって外に出ていました。あまり雪が降らない年でも屋根の雪を二回は下ろしました。二回目には家の二階の高さまで雪がたまったそうです。このように屋根から雪下ろしをすると、建物が雪に囲まれるため、昼でも家の中は真っ暗でした。家が雪で覆われると湿度が高くなるので、布団も湿《しめ》ってぐっしょりしていたそうです。

道が整備され、除雪車が来るようになったあとでも、今ではふつうに見られるロータリ式のものはなく、押していくタイプしかなかったため、なかなか前に進みませんでした。雪が多く降ったときは、雪を道の横にやることさえできなかったそうです。しかも除雪車は週に一回しか来ませんでした。それでも昔は車がなかったため、現在のように交通が麻痺するということにはならなかったそうです。

当時、村の人たちは、雪というものを冬には必ずつきものの「普通のこと」と考えていたそうですが、雪下ろしをしなくてはならない、家が暗くなる、布団が湿る、道が通れなくなるなど、私たちにはびっくりするような影響をたくさん受けながら生活していました。

三八豪雪

これまで見たように北谷は豪雪地域と呼ばれ、多くの被害をもたらす年もあります。地域の人の記憶にいちばん残っているのが昭和三八年（一九六三年）と昭和五六年（一九八一年）の豪雪です。昭和三八年（一九六三年）一月の豪雪、通称三八《さんぱち》豪雪は、昭和三八年（一九六三年）の一月から二月にかけて、主に新潟県から京都府北部の日本海側と岐阜県山間部を襲った記録的豪雪です。それ以外の地方でも、大雪や冷え込みがありました。安岡さんは「一月十二日から大雪が続いた」と今でもよく覚えていました。この日から、二週間ぐらい大雪が続きました。安岡さんに聞いた話によると、杉山では電線をまたぐほど雪がたくさん降りました。一～一・五メートル積もった屋根の雪下ろしをして、一回り下ろして戻ってくると、すでに五〇センチほど積もっていた日もあったそうです。このような日は、午後に見回るとまた一メートルぐらい積もっていたといいます。この間、四～五日は村の外に出られない日もありました。

三八豪雪の特徴は、長期的な降雪による積雪量の多さにありました。死者は全国で三一人にのぼり、各地で、雪崩や、行き倒れの事故が相次いで発生しました。建物の損壊は三万三〇〇〇棟に及び、また電車のダイヤが乱れるなど、日常生活にも支障をきたしました。運休した列車の合計は、旅客列車六四八八本と貨物列車六一四七本にも及びました。（三八豪雪については、六六～七八ページなどをご覧ください。）

五六豪雪

五六豪雪は、昭和五五年（一九八〇年）十二月二六日から三〇日、昭和五六年（一九八一年）一月三日から七日、十日から十五日の三回にわたって降った大雪のことです。降り始めからわずか四日間の積雪量は、勝山市北谷町で二八〇センチメートルを超えました。大野市では一九七センチメートル、平野部の福井市でも一一七センチメートルの積雪となりました。また福井市では、三度にわたる寒波の流入により、一月五日の一日の積雪量は、福井地方気象台の開設以来、六三年ぶりの記録となる七三センチメートルとなり、大雪警報は合わせて一〇回も発令されました。これは、三八豪雪以来の大雪となりました。

五六豪雪の特徴は、三八豪雪の時のように長期間にわたって日本海側の各地に雪を降らせるのではなく、短期間に降雪が福井県に集中したことでした。建物の損壊は三〇〇〇棟にも及びました。勝山市内の国道も使えなくなってしまいました。

山内さんによると、杉山でも「尋常じゃないほど」雪が降ったそうです。この頃になると杉山では人の住まなくなった不在家屋がふえてきていました。雪下ろしなどをする人がいないため、壊れてしまった家もありました。杉山の家の多くは、一階と二階がそのまま垂直に続いている丈夫な壁なので、屋根だけが落ちた家が多かったそうです。一晩で一メートルほど積もり、次の日からその後の一ヵ月間、道が開かず、集落は孤立したそうです。ただし徒歩での往来はできた上、食料も十分にあり、囲《い》炉裏《ろり》もあったため、最低限のくらしはできたそうです。その後、自衛隊の人が救助しにきて、道路が空いて車が動けるようになったのは一ヵ月後です。このときは幸い病人やけが人は出ませんでした。もし出ていたらさらにたいへんな事態になりかねなかったと、山内さんは教えてくれました。この頃は専業で農業をしている家はほとんどなく、村外に働きに出ている人も多かったため、この豪雪のあと、仕事の通勤に支障が出ないように、村から出る人がさらにふえたといいます。

福井豪雪（平成三〇年豪雪）

福井豪雪はこの本を編集していた平成三〇年（二〇一八年）、二月五日から七日、十一日から十三日の二度にわたって降った大雪のことです。三八豪雪、五六豪雪に次ぐ戦後三番目に大きい豪雪です。最大積雪量は、北谷町の谷集落で三三三センチメートル、大野市の旧和泉村近くの九頭竜で三〇一センチメートル、勝山市内で一二〇センチメートル、例年は積もらない海沿いにある三国でも七〇センチメートル積もりました。どの場所でも五六豪雪以来の記録的な積雪量です。また、私たちがふだん学校に来るときに使うＪＲの特急も、福井から海側に出る三国方面と学校のある山側の勝山方面に走るえちぜん鉄道も、六日から八日は全便が運転を取りやめ、一週間後の十四日にやっとすべての便の運転を再開しました。高速道路でも、国道でも、大雪で車が立ち往生して、県が救助のために自衛隊の派遣を要請したほどです。この大雪の影響を受けて、トラックで運んでいるスーパーマーケットの食品が届かなかったり、ガソリンスタンドで灯油やガソリンが在庫切れになったりしました。福井県の嶺北地方では一時、約七割のガソリンスタンドが休業し、ガソリンがないので除雪車が動けなくなり、車の通行に支障をきたす地域もありました。

北谷町谷集落の積雪の様子
（2018年2月8日）

私たちの学校にもたくさん雪が積もり，寮の２階の屋根に届きそうな雪を，中学生と大人で移動させました。

河合にあるかつやま子どもの村も、大雪の影響を受けました。一階が雪で埋まってしまわないように学校に残っていた子どもで雪かきをしますが、次の日にはさらに雪が積もっているという日が続きました。雪は学校の周りにある二メートルくらいのフェンスをあっさり超えてしまい、ふだん使っている玄関も雪に埋もれて通れなくなりました。鉄筋の体育館も屋根に上っておろさないといけないほど降り積もりました。

6　杉山に人が住まなくなった原因

昭和五年（一九三〇年）には三〇〇人近くの人が住んでいた杉山も平成二六年（二〇一四年）にはひとりもいなくなりました。生活の拠点としている人はいるものの住民はゼロで、行政上「杉山」という名前もなくなりました。なぜ杉山には人が住まなくなってしまったのでしょうか。安岡さんと山内さんのお話と調べたことを整理すると、以下の四点にしぼられると思います。

住まなくなった四つの原因

一つめは仕事です。『北谷村要覧』によると昭和二六年（一九五一年）、北谷町では農家がいちばん多く、全体の職業の八八パーセントを占めていました。しかし山内さんによると、時代が進むにつれ、物価の上昇にくらべて米の値段があまり上がらず、相対的に米の値段が下がったそうです。専業農家でも、米が高く売れた時代は食べていけたそうです。しかし収入が減って、生活できなければ村の外まで働きに出なくてはなりません。そして、冬になると通えないので町の方に家を借りたり買ったりするようになりました。

また、これまでに見てきたいくつかの村と同じように、燃料革命による炭焼きなどの山仕事の減少や、繭の値段の暴落などによる養蚕への影響が杉山にもみられました。国内の養蚕業は、戦後、再び盛んになりますが、生糸の輸入量がふえ、化学繊維が普及するようになった結果、昭和四〇年代から衰退していきました。

明治時代以降、炭焼きの研究が進み、日本全体での生産量もふえました。もっとも生産量が多かった昭和三〇年（一九五五年）ごろは、全国で約二〇万基の炭窯《すみがま》が使われ、約二一二万トンの木炭が生産されていました。昭和二五年（一九五〇年）代ごろまでは、炭は日本人の生活に極めて重要なものでした。しかし昭和三三年（一九五八年）を過ぎたころから燃料としてガスや電気が普及したため、炭の需要が減りました。また、化学肥料の登場で、落ち葉などでつくられていた堆肥もあまりつくられなくなりました。炭も堆肥も必要なくなるにつれて、山の仕事も減っていきました。それまでの仕事では生計を立てられないようになり、仕事を求めて多くの人が村から出て行ってしまったと考えられます。

二つめは教育の問題です。杉山分校は一・二・三年と四・五・六年の二クラス制の複々式学級でした。多くの村人にとって楽しく学ぶ場でしたが、いっぽうで複式や複々式学級では進学の際に困るのではないかという不安を感じる親が多かったといいます。そして、分校ではなく町の学校に自分の子どもを行かせたいと考える親がふえていったということです。また、子どもが中学、高校と進学するようになった結果、登下校のしやすさを考えるなど、子どもの教育が理由で村を出て行く人も多かったと山内さんは話してくださいました。私たちも親の立場で考えてみると、杉山には中学校や高校がなく、子どもの進路が心配になるかもしれません。一人で遠くまで通わせるのにも不安を感じるかもしれません。

昭和二二年（一九四七年）の学校改革により義務教育が九年間に延長されました。その翌年に、県立勝山高等高校が開校しました。それまでは、複線型教育だったため、尋常小学校を卒業したあとの進路はさまざまでした。そのうえ、中等校（旧制）に通うにはとなり町の大野か福井まで行かなければなりませんでした。しかし、勝山市内にも高校ができたことによって村からの進学率も高まり、結果的に村を出て町に住むことにつながったのかもしれません。

三つめは交通です。杉山の場合、家が三〜四軒になってから道が整備されたため、山内さんは、「もう少し道が舗装されるのが早ければ廃村になるのを防げたかもしれない」と話されていました。かつやま子どもの村がある元北谷小学校から杉山分校までは歩いて一時間以上かかります。町までの距離は、歩いて二時間以上かかります。交通の便が悪いと、生活において不自由を感じ、便利な町中へ移住する人がふえるのは当然のなりゆきだと思います。

四つめは雪です。安岡さんや山内さんの話によると、杉山は山奥にあり、昔は急なカーブも多くありました。三〇年ほど前までは除雪車が来ず、数日のあいだ村に閉じ込められることもあったそうです。人の住んでいない家が倒壊した年もありました。事実、三八豪雪や五六豪雪のあとに村から出て行く人がふえ、人口は少なくなっています。『勝山市史』には、「特に昭和三十八年の豪雪を契機として転出人口が増加した。北谷の中野俣や北郷の岩屋などは全戸離村を始め、北谷の谷や杉山、野向《のむき》の横倉なども多くの離村者を出した」と書かれています。また、昭和三九年（一九六四年）のデータでは、勝山市からの転出人口が二〇〇〇人を超え、昭和五七年（一九八二年）のデータでは、転出人口が転入人口の約二倍にまでなっています。やはり、いくら雪に慣れているといっても、雪下ろしなどの作業はたいへんです。また、村に閉じ込められたときは、病人がでたり、食料がなくなったりする心配をしながら生活をしなくてはなりません。そのため、大雪のあとは今後の生活を考えて村を出る人がふえたのではないでしょうか。

平成二二年（二〇一〇年）に、勝山市は「第五次勝山市総合計画策定のための市民アンケート」をおこないました。調査対象は勝山市に住んでいる一九歳以上の人、約二万二〇〇〇人でした。それに対して、回答者数は約七〇パーセントの一万六〇〇〇人です。

「あなたは、勝山市が『好き』ですか？『きらい』ですか？」という問いに対して、「好きなところもあれば、きらいなところもある」という答えが最も多い五八パーセントでした。「勝山市の『きらい』なところは何ですか？」という問いに対して、「雪が多くて除雪などに困る」「近くに働く場が少ない」「買い物やレジャーの場所が少ない」という回答が上位に上りました。「福祉・医療体制が不十分」「教育環境の整備が不十分」とこたえた人も多くいました。私たちが考えた杉山に人が住まなくなった原因と、とてもよく似ています。

杉山の今

人口が減り続けた杉山は、平成に入ると住民は指で数えるほどになってしまいます。今後のことを考えて町にいる子どもたちと同居するために、村を出る高齢者がふえたそうです。人が村を出て行くのを見て、安岡さんは、さみしかったと話してくれました。「人が出て行くのを見るのは、さみしいかぎりやけれども、何もいえないんで……。強制的に『杉山に残れ』ともいえなかった。なんとか残って欲しいとは思ったけれども、なんの手立てもしてあげられない。これも時代の流れやなと思って、自然にまかせなどうにもならんな、と思って見ていた」と、おっしゃっていました。

その安岡さん自身も平成一八年（二〇〇六年）に、住民票を移すことになります。安岡さんの家は一六代も続く家柄であり、「ご先祖様からいただいた家を残して

村を出るのは……」と友人にこぼしていたと聞きました。娘の山内さんにはなにもいわなかったそうですが、とてもつらかったと思うと教えてくれました。また、村がなくなると聞いて、「せめて名前

だけでも残せなかったのか……」といっていたそうです。

山内さんも、結婚して村を出ましたが、その後も「あの家の人が村から出る」という情報は入ってきたそうです。「それを聞くたびに寂しい思いがした。故郷がさびれていくのは悲しいものです」とおっしゃっていました。

平成二六年（二〇一四年）三月三一日、行政区としてはなくなりましたが、まだそこを生活の拠点としている人がいるそうです。また、春、夏にもどってきてその季節だけ杉山で生活している人もあります。雪に強い建物を建てるなどして、夏場だけ六世帯ほどが杉山に畑の仕事をしたり、山菜を取ったりするために帰ってくるそうです。山内さんが小学生のときに村から出て行ったけれど、その後、定年退職をむかえ「故郷に帰りたい」と思うようになった人もいると聞きました。「たんに畑をしたいというだけではなく、そこがふるさとだから」と山内さんは村へもどる人たちの気持ちを説明してくれました。年を重ねるごとに昔の思い出がよみがえってきて、最後はここで死にたいという人もいると聞きました。長年、杉山で暮らしてきた人にとっては高齢になってから市内に移り住んでも、そこに「生活」はないといいます。町には田んぼや山菜取りなど一生を通してしてきた仕事もなく、幼なじみもいないからです。

村で生活し続けたいという人たちのために、安岡さんは役所や警察にかけあっています。除雪をしてくれるよう頼みにいったときは、住民票をすべての人が移して廃村になったのだから……といわれたそうです。「まだ生活している人がいるんやで」というと、「いつまでいなさるんや」と返されてしまったそうです。安岡さんは「あと四、五年は……」といって、除雪をしてもらえることになりました。安岡さんは「八二歳にもなるし、あんまり足も動かんので、一年一年やけど、『こういう交渉は私がするで』といって、させてもらっている」とおっしゃっていました。また、安岡さんを中心に、「杉山会」という村を忘れないための会もできたそうです。

やはり、多くの村人は、「村にもどりたい」、「村を大切にしたい」という思いをもっているのだと思います。そのような思いを持ちながら、なぜ、杉山から人が出て行ってしまうのでしょうか。さきほど、杉山に人が住まなくなった原因を整理して四つにまとめて見ましたが、本当にそれだけの理由で人が村から出て行くのでしょうか。いくつか疑問が残ります。例えば、杉山では「道が整備されるのがもっと早ければ廃村になるのを防げたかもしれない」という話を聞きましたが、このあとでみるほかの村を訪れた時には、「道が良くなって、都会へ出て行きやすくなった」というまた別の声も聞きました。つまり、交通が整備されたために、村を出る人がふえたというのです。また、杉山は毎冬、今でも一、二メートルの雪が積ります。なぜ毎年のように大雪の降る土地にもかかわらず杉山には何百年も人が住み続けたのでしょうか。近年の方が積雪量が昔より減ったにもかかわらず、村を出る人が多くなったのはなぜでしょうか。

7　なぜ杉山は消えたのか

総務省が出している「過疎地域市町村等一覧（平成二九年四月一日）」によると現在（平成二九年）、日本では過疎関係市町村は七九〇もあります。

私たちは、杉山を調べていて、消えた原因がなになのかわからなくなりました。ほかの村も調べて、共通点や異なる点を比較した方が良いのではないかと考えました。話し合いの結果、「杉山に環境が近い北陸地方の村を調べて、消えた原因を比較してみよう！」ということになりました。そして、インターネットや本でいろいろな村を探しだしては、その村のある市役所や役場に電話をしました。本当に住人がいない消えた村なのか、現地へ行くことはできるのか、話を聞かせていただける人はいるのか、などの情報をもらうためです。電話するときは、クラスのみんなが緊張します。「子どもの村アカデミー」は担任のいないクラスなので、問い合わせも、とうぜん中学生の仕事です。電話を受け取った相手の方たちは「なんで生徒が電話をしてくるんだろう？」、「子どもたちに教えてよいのだろうか」と考えるかもしれません。なるべく失礼がないように、こちらの活動の目的が伝わるようになど気をつけながら電話をくりかえしました。その結果、福井県大野市にあった和泉村、福井県鯖江市にあった三尾野出作町、滋賀県多賀町の桃原集落にたどり着きました。

そして現地を訪れ多くの方々からお話を聞き、調べ、資料を集め、それらの情報をもとに何度も話し合いをしました。以下、消えてしまった杉山集落をはじめ、和泉村、三尾野出作町、桃原集落の過疎化と廃村の原因を整理して述べます。

〈杉山〉

仕事…北谷町は農家が多く、昭和二六年（一九五一年）頃は全体の八八パーセントを占めていました。しかし、米価の低下により、収入が少なくなって生計が立てられなくなりました。また、燃料革命の影響による製炭などの山仕事の減少や、繭の値段の暴落につづく化学繊維の普及による養蚕の減少もありました。これらの影響で、仕事を求めて村から離れる人がふえていきました。

教育…杉山では学校が分校だったために、進学に困るのではないかという不安を抱えた親が多くいました。子どもの登下校がたいへんだと考える人もいました。町の学校のほうが学びやすく、通いやすいと考え、村を出る家庭が多かったそうです。

交通…杉山の道はカーブが多く、町へ行くのにも時間がかかりました。そして、現在のような通りやすい道になったのは人の住む家が三〜四軒になってからでした。山内さんは「もう少し道が舗装されるのが早ければ、廃村になるのを防げたかもしれない」とおっしゃっていました。

雪……雪とつきあうくらしには、除雪などの苦労が多くありました。大雪のときには、村が孤立状態になることもありました。空き家の屋根が落ちて倒壊することもあったそうです。昔は急なカーブがたくさんあり、除雪車も来ませんでした。

〈和泉村〉…福井県の東端にあった村で、平成一七年（二〇〇五年）に大野市に合併されました。

鉱山の閉山…面谷《おもだに》鉱山や中竜《なかたつ》鉱山などたくさんの鉱山があり、北海道から九州まで全国各地から仕事をしに人々が集まっていました。周囲には映画館、図書館、郵便局、飲み屋、民宿があり、「穴馬の銀座」と呼ばれるほど栄えていました。しかし、第一次世界大戦のころの相次ぐ不況と、銅価格の暴落によって多くが閉山に追い込まれました。地方から出稼ぎに来ていた人たちは地元へ帰って行くことになります。和泉村についてお話をうかがった番屋友吉さんは、人口減少のいちばんの原因に、この鉱山の閉山を挙げておられました。また、昭和の中ごろにかけて、杉山と同じように林業や製炭業も減少しました。

中竜鉱山と居住区などの跡地を見て回りました。

ダム建設…昭和四二年（一九六七年）に貯水がはじまった九頭竜ダム建設のために、一一の集落が水没し、その影響で周辺の集落からも離散者がふえました。それにくわえて、ダム建設のために働きに来ていた人々も村を離れ、一時期に多くの人口が減りました。

教　育……学校の数が減っていき、通学のしやすさや進学を希望する子どものことを考え、都会へ出る家庭が多くありました。しかし、和泉地区（大野市に合併された元和泉村の地域）を含めて、大野市内の五つの中学校を二〇二三年に一校、一〇小学校を二〇二六年に二校とする計画だそうです。まだ子どもがいるにもかかわらず、村や町から学校がなくなると、ますます人が減っていくのではないでしょうか。

自然災害…杉山と同じく、雪が多かったそうです。「豪雪のときの被害はそれほどなかった」という話も聞きましたが、やはり雪対策の苦労はあったようです。また、風水害などほかの自然災害も起きたそうです。

〈三尾野出作町〉…福井県鯖江市の平野部にあった小さな町です。

河川改修工事…いくつもの川が合流する場所にあり、昔から洪水と戦ってきた地域でした。長年、さまざまな努力がされてきましたが、それでも水害はくりかえされました。そのため、一九八一年（昭和五六年）に本格的な河川改修工事がおこなわれることになり、住んでいた人々は移住しなくてはならなくなりました。平成二年（一九九〇年）には、解町式がおこなわれました。

町の跡地の近くには「ふるさとの碑」がありました

〈桃原〉…第四章の脇ヶ畑村近くの山あいの集落で、平成二八年（二〇一六年）の人口は三人です。

仕事と燃料革命…かつては林業や炭焼きによって栄えた裕福な集落でした。しかし、外国から木材が輸入されるようになると林業の仕事が減っていきました。また、燃料革命により灯油や電気、ガスなどに変わったため、薪や木炭が売れなくなります。そのため、製炭の仕事をしている人は稼げなくなりました。

交通…昭和の中頃に道が新しくきれいに整備され、町へ出て行きやすくなりました。区長の森口政二さん、副区長の蓮井邦雄さんから、「道がよくなって、かえって住んでいる不便さを実感するようになった」という話を聞きました。町まで出るのがたいへんだった村の人たちは、道が良くなって生活しやすくなったはずです。しかし、反対に村から人がいなくなる原因になってしまったというのです。

区長さんと副区長さんに桃原集落を案内していただき，村の暮らしについて話を聞きました。

教育…昭和五〇年代になると、村のほとんどの中学生が高校に進学するようになりました。しかし、集落内には高校がなく、バスや電車を使って彦根市や近江八幡市などの高校に通う子が多かったそうです。そのため、子どもが高校へ通いやすい土地へ引っ越そうとする人がふえたと聞きました。それにともない、桃原から子どもの人口が減少して、近くの分校の数も減っていきました。

雪……杉山よりは少ないものの、それでも雪が多く降る地域でした。三八豪雪、五六豪雪のときは、道が通れなくなり、食料が不足するなどの苦労話を聞きました。

第五章で取りあげられた、私たちの先輩が考えた「村が消える原因」は、「仕事」「自然災害」「ダム建設」「町に出るのもひと苦労」「貧しさ」でした。そして、ひと昔前と異なり、現在の過疎化の原因として、「高齢化」を挙げていました。

以上を見てみると、やはり、ほとんどの村で「仕事がなくなった」という原因が挙がっています。杉山では農業、和泉村では鉱山と製炭業、桃原では林業を中心に栄えていましたが、ほとんど同じ時期に、その仕事が急に減ってしまいました。なぜ、この同じ時期に村の仕事が減ってしまったのでしょうか。昭和四〇年（一九六五年）頃の日本を調べてみると、高度経済成長の時期と重なります。中野俣の第一章で、おもに林業が減った時期として紹介していますが、それだけではなさそうです。日本全体で仕事が変わった時期だったのです。

『高度成長』（吉川洋、中央公論新社、二〇一二年四月二五日）という本には、「日本は一九四五年八月の敗戦によって大きく変わった」と書かれています。これは、その後の日本の進む道も大きく変わったということではないでしょうか。一九五〇年代の後半（昭和三〇年頃）になると、朝鮮戦争により、アメリカは戦争に必要な軍用トラックなどの物資の多くを、日本に生産させました。その結果、日本の経済はよくなりました。これを、「朝鮮特需《とくじゅ》」といいます。それに続いて日本経済は神武景気と呼ばれる好景気になり、高度経済成長の波に乗りました。洗濯機・テレビ・冷蔵庫の「三種の神器」が普及し、家の中での人々のくらしは急速に変化しました。同時に、街も変わっていきました。昭和三九年（一九六四年）には「東京オリンピック」が開催され、その影響は、東京から日本全体へと拡大していきました。東京オリンピックが開催されると決まったのは、昭和三四年（一九五九年）で「世界に恥ずかしくないように」という考えが、ビル建設と道路工事をさらに進めました。

「三種の神器」は、一九六〇年代の半ば（昭和四〇年頃）になると日本の八割を超える家庭に普及しました。六〇年代の後半になると、三C（自動車・カラーテレビ・クーラー）も登場しました。この六つの「消費財」によって「生活革命」が進み、日本の生活の風景が変わっていったのです。杉山について聞いた話でも、テレビや自動車が村に入ってきたのはこの時期でした。「神武景気」や東京オリンピック後の「いざなぎ景気」を経験した日本は、昭和四一～四三年（一九六六～六八年）にかけての三年間、一年ごとにイギリス、フランス、西ドイツの三カ国を抜き、アメリカに次ぐ世界で第二位の「経済大国」となりました。昭和三九年（一九六四年）には、海外旅行が自由化され、海外旅行者数は一〇年前の一〇倍にふえました。少し前には思いもよらなかった海外旅行も、人々にとって身近になりました。そして、この高度経済成長のあいだに人々の仕事も変わっていきました。

高度経済成長による日本の産業の変化

一般に、産業は、「第一次産業」「第二次産業」「第三次産業」などに分けられることがあります。『産業の一〇〇年』（佐藤能丸著、滝沢民夫監修、ポプラ社、二〇〇〇年四月一日）よると、「第一次産業」は農業、林業、水産業、狩猟、採集、「第二次産業」は製造業、建設業、工業生産、加工業、電気、ガス、水道業、「第三次産業」は情報通信業、金業、運輸業、小売業、サービス業、非物資的な生産業、株価を見て株を顧客に売る配分業などを指すそうです。明治時代のはじめには、日本人の八〇パーセントが農家でした。高度経済成長の前の昭和二五年（一九五〇年）頃でも、日本の就業者の二人に一人は農民でした。『高度成長』には「農村でも都会でも、高度成長の直前、人々はいまだ古い伝統を暮らしの隅々まで色濃く残していた」と書かれています。その頃までは、長いあいだ、その土地でつづけられてきた生活をしていたのです。平成三〇年（二〇一八年）現在の私たちが、ごく当たりまえに思っている生活習慣や道具の多くは、ほんの数十年前にはなかったものです。日本人の生活には、主食である米が今以上に不可欠で、稲作は第一次産業の代表である農業の中心でした。しかし、高度経済成長の前までは、朝から晩まで働いても、収穫量はそれほど多くなく、農民の多くは生活が不安定でした。昭和三〇年（一九五五年）頃になると、農作業に便利な機械が登場しました。どれも、当時の人たちにとって、とても高価なものでした。けれども、重労働で時間や人手を必要とする作業が短時間で楽にすむため、共同で購入するなどの農家がふえました。しかし、収入はなかなかふえず、そのいっぽう、機械代やガソリン代を支払わなければならず、会社などに勤めながら農業をする兼業農家がふえていきました。

林業にもこの時期、大きな変化があります。第二次世界大戦で、戦争に使う資材用に多くの樹木が切られ、日本の森林資源が失われました。また、各地の町が空襲で焼け野原になり、戦後の復興のために木を必要とする人が多くいました。そのため、木材の需要が高まり、林業が盛んになりました。同じ頃に、森林が荒れると自然災害の影響を受けやすくなり、いっそう森が荒れるという問題もありました。そこで、政府は「拡大造林計画」をおこないます。そして、比較的成長が早いスギやヒノキなどを植えるようになりました。この時代は木を植えるのは銀行にお金を預けるより価値があるとまでいわれ、造林ブームが起きました。しかし、一九六〇年代に入ると、値段の高い国産材よりも、安くて質の良い輸入材が多く使われるようになりました。そのため、国産材の利用が減り、働く人も減少していきました。同時に、電気やガスが普及したことにより、木炭の需要が大きく減ったのは、くり返しみてきた通りです。

このように、経済成長が進むにつれ、第一次産業は衰退していきました。農業や林業と同様に、水産業も働く人は少なくなっています。石油危機のため船の燃料代があがったり、水質の汚染で魚介類が被害を受けたり、埋め立てにより漁場が減ったりするなどの問題が起きたことが影響しているそうです。さらに、昭和五二年（一九七七年）になると、遠洋漁業も他国の排他的経済水域である二〇〇海里の外と制限されるようになります。こうして、三種の神器や三Cが登場し、第一次産業の仕事が減った結果、モノをつくる製造業の仕事がふえました。山村で仕事がなくなった人たちも、こうした仕事に就くようになりました。このように、第二次産業がますます進化し、それに携わる人もふえていくようになりました。その動きが大きくなるほど、第一次産業の仕事も人も減る一方です。

産業の変化がはじまると、日本中で集団就職が多く見られるようになり、人々は農村から都市へと移動していきました。その結果、都市が「過密」になるいっぽうで、農村では「過疎」と呼ばれるような現象が生まれました。『高度成長』によるとわずか二〇年足らずのあいだに、日本の農家の戸数は約七〇万戸も減少したそうです。杉山の仕事は主に、農業を中心とした第一次産業でした。農家が多かった杉山の村の中ではできる仕事がなくなっていったのです。和泉村でも、製炭などの仕事がなくなりました。電力を目的として九頭竜ダムがつくられたのもこの時代です。鉱山も閉山があいつぎ、この時代までにほとんど終わりを迎えます。桃原でもそれまで続けてきた、林業や製炭業では生活できなくなりました。

高度経済成長は、日本を成長させました。この時期があったからこそ、今の豊かな日本があります。しかし、同時に杉山などの日本中の村から、仕事をもとめて都会へ出て行く人がふえたと考えられます。それだけではなく、工場が原因で「四大公害（イタイイタイ病・熊本水俣病・新潟水俣病・四日市喘息）」などの公害が起き、開発によって環境が悪化し、アメリカ式の大量生産のノウハウを手に入れたため粗大ごみの増加をまねくなど、人々にとって大きな傷跡も残したのです。

子どもの進学率と学歴社会

さらに、経済的に豊かになった日本では、高学歴を求めて受験戦争が勃発しました。総務省統計局の表によると、小中学校の就学率は、昭和二三年（一九四八年）からずっと九九パーセント台をキープしています。

いっぽう、高校の進学率は、昭和二五年（一九五〇年）は四二・五パーセントでしたが、平成一七年（二〇〇五年）には九六・五パーセントまで上がっています。高度経済成長のあった昭和三五年（一九六〇年）の五七・七パーセントが、昭和四五年（一九七〇年）には八二・一パーセントになっています。

続いて大学、短大への進学率です。昭和二九年（一九五四年）には一〇・一パーセントと一〇人に一人しか大学に行っていませんでした。しかし、平成一七年（二〇〇五年）になると、五一・五パーセントで約二人に一人が大学、短大に通っています。『学歴・競争・人生』（吉川徹・中村高康、日本図書センター、二〇一二年十一月）という本によれば平成二三年（二〇一一年）で大学、短大、専門学校に進学する人は約七〇パーセントです。

『学歴社会における教育の諸問題と教育改革の展望』（佐々木友宏著・鈴木克明先生指導）というインターネットサイトによると、学歴社会が一般社会に広がっていったのは戦後のことです。戦前と異なり学校制度が単線化されて、小学校から中学校へ、高等学校から大学へと一直線につながりました。その結果、それまで以上に多くの子どもたちが、大学に進学するチャンスを得るようになりました。

そのほか、高度経済成長によって国民所得が増加し、教育費を払う余裕ができたこと、学歴による収入などの格差が国民全体に広まるようになったことなどが重なりました。そのため、多くの人々が大学進学をめざすようになり、激しい受験競争をともなう学歴信仰の社会が生じたのです。日本では一九六〇年代から「学歴社会」ということばが使われ始めました。学歴社会とは人の社会的地位や評価が学歴で決められることです。『超・学歴社会』（溝上憲文、光文社、二〇〇五年四月二一日）には、「いい学校の学生を採ったかどうかで評価されてしまう。たとえば、東大が一人も採れなかった年は、『何をやってるんだ！』と事業部や役員から言われる」と、ある製造会社の人事担当者のことばが紹介されていました。このような現状のため、子どもたちも、「よい学校」に入って就職をしないといけないという固定観念が小さい頃からできてしまっているというのです。多くの親たちも同様に考えていくのは自然な成りゆきです。その結果、受験戦争が激しくなり、勉強がしっかりできる環境を求めて、村から出て行く人が多くなったと考えられます。

人々のくらしの変化と豪雪や交通のかかわり

杉山や桃原では三八豪雪や五六豪雪により、自然災害の恐ろしさを痛感した人がたくさんいたようです。この豪雪のあとには村から人が減りました。なぜ、長年、雪がたくさん降る地域であったにもかかわらず、この頃になって、人々は村から離れたのでしょうか。三八豪雪や五六豪雪の時期は高度経済成長期と重なります。やはり、日本中のくらしや仕事が変わったことと関係しているのではないでしょうか。この時期に、村から仕事がなくなったのは先ほどみてきた通りです。つまり、都会へ移住したほうが、お金は稼げるし、雪にもそれほど困りません。また、自動車のある生活になると、除雪のたいへんな村よりも平地の方が、苦労は少なくてすみます。このように、高度経済成長によってくらしが変わった結果として、雪が原因で人々が村を出て行く理由の一つになったと考えられます。

私たちがこの本をまとめている平成三〇年（二〇一八年）にも、福井市内で三七年ぶりといわれる豪雪がありました。二月六日の午後二時には、積雪の深さは一三六センチに達したそうです。福井地方気象台によると、福井市で一三〇センチを超えたのは「五六豪雪」以来だそうです。坂井市とあわら市間の国道八号線でスリップして脱輪したりなど一五〇〇台が立ち往生しました。死者一一名、重症二〇名、軽症七七名でした。

そのほか、交通や河川改修も村が消える原因として挙がっていました。交通自体が、しっかり整備されているか、そうでないかだけでは、問題にはならないと思います。外へつながる道とは別に、その村や町自体が便利なのかどうかにもよるのではないでしょうか。また、そこに住む人が道を使うくらしをするかどうかにもかかわっています。その村とくらしが便利でなければ、道が整備されたときに村を出るきっかけになってしまいます。反対に、杉山のように、「もう少し舗装されるのが早ければ、廃村になるのを防げたかもしれない」ということばもありました。そのため、整備されたときに、自分の村が不便と感じるならば、道を整備すると一緒に、村の中も変えていかなければならないと思います。「利便性」はこれからも人々が住んでいく村のキーワードとなるかもしれません。

いっぽう河川改修工事については、その地域の人々の命を守るため、しかたない場合があるのかもしれません。仕事や教育、交通とは、また異なる原因だと思います。

8　村をどうしていくべきか

これから村はどうするべきなのか。私たちは長い時間をかけて話し合いました。そして、村を残したいという願いはあってもやはり「過疎化をとめるのは難しい」と考えました。日本全体で起きた高度経済成長や学歴社会などの社会現象、豪雪などによる自然災害が原因だとしたら、過疎化をすべてとめることはできないのではないかと思うからです。多くの村では少子高齢化がすすんでいます。都会に出たいという若い人、買い物や病院に通うのに不便と感じるお年寄りがいるのも当然だと思います。そして、安岡さんのいうように、自分の子どもや家族の生活を考えて村を出る人たちを無理に残らせることはできません。出て行く村の人たちも「出たくて出て行ったわけではない」「悲しそうだった」と聞きました。

しかし、この過疎で村から人がいなくなる問題について考え、話し合い、原稿にまとめているとき、村の人たちのお話や表情が思い返されました。山内さんの話を聞いていたときのことです。私たちは多くの質問をし、思い出話も聞かせていただきました。そのあと、「杉山に人が住まなくなってしまい、どう感じたか」という質問をしました。このとき、明るく話してくれた山内さんから一気に笑顔が消え、口調が変わりました。「調べ物の参考に」という思いで聞いたのですが「私たちは何も分かっていないんじゃないか」「このことを聞いたらいけなかったのではないか」と思うくらい、心に突き刺さりました。ことばよりも表情から悲しみが伝わってきました。

また、安岡さんのお話でも心に残ることがいくつもあります。村がなくなるとき、娘の山内さんには何もいわなかったそうですが、友人には「ご先祖様からいただいた家を残して去るのは……」といっていたと聞きました。杉山のように人々のつき合いが深く村に愛着があり、代々続く家柄の人たちにとって、村がなくなるのは自分の一部がなくなることなのかなと思いました。どれだけ村を大切にしていたかを考えさせてくれた大切なエピソードだった気がします。和泉村の番屋さんも、桃原の森口さん、蓮井さんも村のようすを明るく話してくださいました。しかし「以前と比べてだいぶさびしくなった」「帰ってくる人は少ない」

安岡邦雄さんに杉山集落を案内していただいたときの様子

と笑顔で話されたのが私たちの心に残っています。このような村の方々の顔を思い出すと「過疎はとめられない」という結論でよいのだろうかという思いが出てきました。「もう一度話し合いをしよう！」そう私たちは決めました。そのとき、山内さんの「小原集落みたいにできたら杉山も変わっていたかもしれない」という一言を思い出したのです。

小原のECOプロジェクト

小原集落は、杉山と同じ北谷町の集落です。山内さんのことばを思い出し、どんな取りくみをしているのか気になった私たちは、さっそくこの小原について調べてみました。小原の人口は、一番古い記録で明治五年（一八七二年）に三九〇人、八四世帯であると『越前北谷物語』に書かれています。また、人口がいちばん多かったのは、明治二四年（一八九一年）で五三五人、九三世帯だったと小原E《エ》C《コ》Oプロジェクトのホームページに記載されていました。

明治時代の産業は、主に養蚕と炭焼き、また北谷のほかの村に見られない杉板をつくる仕事、椿《つばき》の実から油をとる仕事などでした。杉山について説明したページでも書きましたが、大正六年（一九一七年）の『大野郡要覧』によると、勝山の村の中で養蚕戸数、収穫量ともに北谷が一番です。『越前北谷物語』によると、昭和一一年（一九三六年）の集落ごとの繭の収穫量は、小原・約二七三八キログラム、中野俣・約一五八六キログラム、杉山・約一四四四キログラム、木根橋・約一〇五八キログラムとなっています。つまり、勝山市全体の中で、小原が養蚕のいちばん盛んな集落だったといえます。また冬の副業として木工品もつくっていました。臼や杵、まな板や下駄などをつくって勝山市内で一月にある「年の市」と呼ばれる市などで売り出していました。ほかにも副業として蓑《みの》づくりなどがありました。また、小原は福井県よりも石川県の白山麓の影響が強く、食文化や建物のつくりなどが北谷のほかの村とは異なったそうです。特に民家は江戸時代後期から昭和初期の間に建てられた民家様式で、二階にも出入り口があるのが特徴です。これは、一階が雪で埋まってしまったときに使うもので、豪雪地域ならではのつくりです。この民家様式は福井県内ではとても珍しく、小原にしかないそうです。

集落が山合いにあるため、田畑では穀物の収穫時期になると野生動物の被害を受けました。その中でも特にイノシシの被害が大きかったそうです。その対策として、小原では石垣をつくって動物が入れないようにしたそうです。また、逆に石垣を使いイノシシが入ったら出られないようにして、食料にしたという話もあります。一〇〇年以上前からあるもので、最近ではとても珍しく、猪垣《ししがき》といって市の文化財として保存されています。

このような伝統がありながら、現在、小原に住んでいるのはたった一人です。にもかかわらず、この村には、年に一二〇〇人以上もの人が訪れているというのです。最近は「小原に住みたい！」という人も出てきています。「ECOプロジェクト」という活動の成果だといいます。こんなにも近いところに消えた村について考えるヒントになるような取りくみがあったのです。さらに詳しく知るため、このプロジェクトを考案したという小原区長の杉吉政己さんにお願いして、お話を聞かせていただきました。現地に行くと古い民家が何軒も建っている、広々とした集落でした。当日は杉吉さんとEC

○プロジェクトの事務をされている山内由季さんが話をしてくださいました。

杉吉さんが子どもの頃は、小原にはまだたくさんの子どもたちが住んでいたそうです。しかし、杉山と同じように高齢化が進み、人口が徐々に減っていきました。昭和四〇年（一九六五年）から昭和四五年（一九七〇年）の五年間にかけて、杉山では人口が約半分になっていますが、小原でも人口が約三分の二に減っています。同じ時期に、北谷全体の人口も三分の二になりました。そのため、杉吉さんは現在の小原のように人口がここまで減ることも、ある程度は予想していたといいます。

そこで一二年前に区長になった杉吉さんは、この状況をなんとかしたいともう一人の代表をされている國吉一實さんと話し合ってＥＣＯプロジェクトを考案しました。「住まなくてもよいから、人の集まる場所にしたい」という思いで、プロジェクトは設立されました。また、この活動の話し合いをしている途中に雪で多くの民家が傷んでしまったのもきっかけの一つです。修復を考えているちょうどその頃に、小原の民家の調査をしたいと福井工業大学の吉田純一教授が相談に来られたそうです。そこで大学生と連携して民家の修復を進めることになりました。修復された全部で六棟の古民家は、

小原区長の杉吉さんと，ＥＣＯプロジェクト事務局の山内さんから話を聞きました

現在、イベントや宿泊施設に使われています。

ＥＣＯプロジェクトは、古民家の修復のほかにも、自然体験・地域景観づくり・炭焼き体験・豪雪体験・山菜ツアー・希少生物であるミチノクフクジュ草の保全活動などを体験するプロジェクトです。使われなくなった畑を使って野菜を育てたりもしています。すべて、小原の自然や文化などを活用した体験プログラムとなっています。小原に「あるもの」を使おうと考えたからだといいます。そのため、「ＥＣＯ」プロジェクトと呼ぶようになりました。はじめの頃は民家修復の材料も、小原の村内で出た廃材を使っていました。現在では、同じような取りくみも珍しくなくなりましたが、当時はほかでは実施されていないものばかりでした。

ＥＣＯプロジェクトの一つシシ垣を訪ねるツアー
（「Ohara-ECO-Project」より転載）

しかし、前例がなかったために計画してからプロジェクトが始まるまで二年もかかったそうです。プロジェクトを杉吉さんたち個人ですべてまかなうのは難しいため、行政に支援をお願いに行きました。しかしなかなか受け入れてもらえなかったと聞きました。勝山市、福井県、国にまで掛け合って、ようやく理解してもらい、補助金を出してもらったのが二年後でした。

プロジェクトを始める頃、杉吉さんたちが考えたのは「一〇年後のこと」だそうです。一〇年後を想像して、今何をやったらよいのかを考え、アイデアを出し合ったといいます。それが一〇年以上たった今につながり、小原にはたくさんの人が来ています。また、全国各地にある過疎の村をよみがえらせる新たな方法の一例として、全国的にも注目を集めています。平成二八年（二〇一六年）には、都心から人を呼び込み、地域の交流人口をふやしてきた方法が「限界集落再生モデル」と評価され、ＥＣＯプロジェクトは総務省が表彰する「ふるさとづくり大賞」の最高賞である内閣総理大臣賞に選ばれました。

杉吉さんは、ＥＣＯプロジェクトをはじめていちばんよかったと感じる成果は、いろんな人とかかわれるようになったことだと話されていました。小原には毎年、一〇〇〇人以上の人が来ていますが、その中には県外はもちろん海外からもたくさんのお客さんが来ているそうです。これまで約四〇もの国から小原を訪れています。海外から毎年必ず来る人もいるほどです。

なぜこれだけの成果を上げたのでしょうか。「積極的に地域外の人を受け入れられるかどうかが大きい」と杉吉さんはいいます。また、「一人で始めようとしても進まない」ともいっておられました。ほとんど住民がいなくなったとはいえ、第二の家として日中に生活したり畑をしに来たりする人たちがいます。その村の人たちが賛成してくれないと、話は進みません。

ＥＣＯプロジェクトの今後の課題は、利益を得ることだといいます。現在、プロジェクトの資金は行政の補助金に頼っています。しかし、今以上にクオリティを上げるにはスタッフを雇う必要がありますす。スタッフを雇うにはお金がいります。しかし、現在このプロジェクトでは収入になるほどのお金をとっていません。これからはプロジェクトに利益がないと活動は続いていかないのではないかと考えておられるそうです。いつまでも行政の支援に頼るわけにはいかないからです。

杉吉さんからＥＣＯプロジェクトの話を聞いて、私たちも参加してみたい気持ちになりました。興味深い内容ばかりで、私たちも体験してみたいと思うプログラムがたくさんありました。プロジェクトを立ち上げる苦労も知りました。二年間もあきらめずに説明や交渉を続け、その成果としてたくさんの人が集まってきていたのです。これからもプロジェクトが発展して、さらによいものになってほしいと思います。

杉山再生への提案

小原は、人口が一人になっても人々が行きかう元気な集落です。私たちはもう一度、消えた村について考えてみました。その結果「以前のままの村を残す努力をする」「過疎で村が消えるのを受け入れる」の二択にとらわれなくてもよいのではないかと考えました。

小原のＥＣＯプロジェクトを知ると、ほかの村にもそれぞれの取りくみがあるのだと気づきました。和泉村には、地域の料理や伝統行事が楽しめる新緑祭りや紅葉祭りがあります。桃原には、かつて名産だった「お多賀ゴボウ」を復活させて地域おこしにつなげようとする「桃原プロジェクト」が立ち上がっています。

どちらも、元気な村へと続くアイデアの一つなのだと思いました。そして杉山には杉山会がありま す。以前、村に住んでいた人たちが集い、当時を思い出し懐かしんでいるそうです。どこの村にもそこに住んでいた人たちの思いから始まった取りくみがあったのです。この現状をみて私たちは、今後、村で何ができるか考えました。

たとえば村がなくなってしまえば、ほっとしたり一息ついたりする場所もなくなってしまいます。「私たちならほっとできる場所を残したい」とクラスの全員が思いました。それなら杉山会のように村の人が集う場所を、村の中につくるというのも考えられます。たとえばカフェはどうでしょうか。以前住んでいた人が、帰ってきて一息つけるところになると、昔の思い出を大切にしながら、交流の場になります。杉山の場合は、恐竜の化石が有名です。恐竜博物館では、化石を発掘する体験プログラムや、展示場での解説、発掘現場の見学などができるツアーを開催しています。これらは野外博物館といって、ナビゲーターさんと一緒に見学できます。そんな化石で有名な杉山に、恐竜博物館にも協力してもらい化石を展示するのはどうでしょうか。

恐竜博物館に来たお客さんが杉山にも来てくれるかもしれません。また、「恐竜カフェ」など有名なものを生かしたカフェもよいと思いました。杉山に恐竜カフェができたのであれば、もと住民以外の人も興味をもってくれるはずです。小原のＥＣＯプロジェクトにも夏に一～二週間営業するカフェの取りくみがあったそうですが、杉山の場合は一年間を通して、あるいは春から秋にかけて営業することも考えられます。大切なふるさとに帰ってきたとき、人の気配がなくさびれていると感じる、という声を聞きました。人が集まり、話のできる場所があったらどうだろうという考えから、例に挙げてみました。

他にも、ツアーを開催するのはどうでしょうか。恐竜博物館には発掘体験ができるプログラムがあります。そして、それは杉山でおこなわれているのです。ここに来たお客さんたちがそのまま杉山のカフェに入り、さいきんまで経営されていた杉山鉱泉に泊まるツアーができないだろうかと思いました。杉山鉱泉は、やけどや、打撲、関節の痛みなどさまざまな症状に効果があると『北谷見聞録続編』（北谷町老人クラブ北寿会編、一九八八年）に紹介されていました。これをＰＲできれば、ツアーに参加する人もいるのではないかと思いました。

小原のように村の外から人が行き来するのはすてきなアイデアだと思いました。大好きなふるさとから声が聞こえるだけで気持ちがちがうかもしれません。小原は自然や文化を利用した体験プログラムでしたが、保育園や幼稚園に通っている子が遊びに来ることのできる場所を設けるというのはどうでしょうか。村に住んでいた人も、ふるさとでにぎやかな子どもの声が聞こえればうれしいと思います。山内さんも「以前のように子どもたちの声を杉山で聞けたらうれしい」といっておられました。杉山や桃原には自然がたくさんあります。保育園や幼稚園の子どもたちや、その保護者にとっても自然豊かな環境で楽しめる場所があるのは有利な条件ではないでしょうか。私たちの学校も杉山と同じように自然に囲まれたところにあり、のびのびと生活しています。

さらに、私たちは杉山の元住民になった気持ちでなにができるかを話し合いました。そこで出てきた一つに「杉山カブラ」を育てて販売するのはどうか、という意見がありました。先にも紹介しましたが、杉山には杉山カブラというものがあり、この集落の土でしか育たないといいます。とてもおいしいと安岡さんはいっておられました。そんな杉山カブラをもう一度育てられないでしょうか。特産品で地域を活性化させた例はいくつもあります。たとえば、『ローマ法王に米を食べさせた男』（高野誠鮮、講談社、二〇一二年四月六日）にはお米を育て地域を活性化させた例が書かれていました。また、『学者は語れない儲かる里山資本テクニック』（横石知二、SBクリエイティブ、二〇一五年八月十二日）という本では、食べ物の飾りとして使われている葉っぱを育てて集落を活性化させた取りくみが書かれていました。杉山には杉山カブラがあります。桃原プロジェクトのゴボウのように、このカブラをもう一度栽培するとなると元住民が杉山に来るきっかけになるかもしれません。村とともに一度はなくなったけれど、復活した野菜は食べた人も幸せになるのではないかと思いました。

発想を変えて、自然を生かしたアスレチックをつくる、というのはどうでしょうか。最近、自然を使ったアスレチックがふえているそうです。たとえば和歌山県には「フォレストアドベンチャー」という森のアスレチックがあります。平均三〇〇〇円と少し高めなのにもかかわらず、とても人気です。私たちの学校でほかの子たちに聞いてみても、自然を使ったアスレチックで遊んでみたいという人がほとんどでした。もしも実現すれば、子どもや若者の向けの取りくみになると思います。

このような話をしているとき学園長の堀さんが学生村というものを教えてくれました。堀さんが学生の頃に行ったことがあるそうです。学生村は昭和三六年（一九六一年）に長野県で始まりました。農家の人が古民家を貸してくれて、一泊三食付きで約三〇〇〇円ほどです。自分の好きな生活をしたり、学生村で知り合った人と出かけたりできて、魅力的だと思いました。杉山の景色はすごくきれいで私たちの心も豊かにしてくれました。のびのびと暮らしたい学生、勉強に集中したい学生にピッタリの場所です。夏でも涼しいので天然のクーラーで暮らせます。これを杉山につくれば、若い人がくるかもしれません。

このように、「以前のままの村を残す努力をする」「過疎で村が消えることを受け入れる」の二択にとらわれず、その村に目を向けるとたくさんの可能性がありそうです。大切なのは村の人がどのような思いをもっているのかだと思います。人が集える場、人の声がする村、伝統が残る集落……など、ふるさとを思う人々の気持ちを形にするにはどんな取りくみがあるのかを、まずは考えるべきではないでしょうか。先にあげたものは短い期間で私たちが思いついたものにすぎません。実際におこなうには、考えなくてはいけない法律や資金、人手、手続きなどがたくさんあるはずです。しかし、このほかにもまだまだアイデアはあると思います。

このようなほかの選択肢を考えて、実行するには小原の取りくみと同様にまずは支援が必要になります。国や県や市は、この問題についてしっかりと考え、「ふるさとをどのように残したいのか」「ふるさととどのようにかかわっていきたいのか」など村の人々の思いや願いによって動いている活動を支援するべきです。

今、日本には過疎で消えそうな村がたくさんあります。それにもかかわらず興味がなく知らない人がとても多いと思います。支援の形はさまざまですが、まずはその村に寄り添い、考えるべきではないでしょうか。そのためには、興味を持って、村で起こっている問題、そして村の人がこの問題についてどのような思いを持っているのか知ろうとしなくては始まらないと私たちは思います。

おわりに

私たちは、消えた村を調べるまで、日本中で起きている過疎で村から人のいなくなる問題について、なにがなんだかまったくわかりませんでした。けれども調べていくうちにいろいろなことを知りました。はじめのころの私たちは過疎を考える上で基本だろうと思われる「村の人」についてまったく考えていませんでした。しかし、今は「村の人たちがどう考えているのだろうか」を知ろうと努力するようになりました。

私たちはこの学校を卒業したら、「消えた村」にかかわる機会が少なくなっていくのかもしれません。それでも目を向け続ける努力をしたいと思います。村も人間と一緒でいろいろな意見や考えがあるのではないでしょうか。「残したい」という村もあるかもしれませんが、「そうでない」村もあるかもしれません。そんなときは、そこにいる人たちがどんな思いでいるのかを考えて、その思いに寄り添う人でありたいです。私たちが力になれるのであれば力になりたいと思います。私たちも自分が大切にしている場所がなくなったらとてもつらいです。静まりかえっていたり、名前がなくなってしまったりするのもとても悲しいと思います。このように村の方々の気持ちを本気で想像してみたり、生の声を聞かせていただいたり、とても貴重な体験ができました。中学生でこれだけ大きなテーマに取りくむことができ、自分たちも成長できたと思っています。きっとこの先も力になるはずです。

この問題について調べたり考えたりすることはとても難しいことです。しかし、一人ひとりが目を向けなければならない問題です。まずは、多くの人が知り、「考えられない」のであれば、「考えられる」ように変えていかなければなりません。私たちのアイデア以外にもよいアイデアが見つかる可能性が日本にはたくさんあるはずです。

この本は「村の人の声や考えがたくさん載った本にしたい」「村の人の気持ちを知ってほしい」「アカデミーの子に話してよかったと思ってもらえる本にしたい」という願いがいっぱい詰まった本です。この本を読んで、自分のふるさとがなくなった人々について考えてくれる人がひとりでもふえたなら、意味のある本が書けたということだと思います。私たちも、村の人たちがどんな思いでふるさとを離れて、今どんな思いで生活しているのか、十分に理解できているとはいえません。これからも考えていくのが私たちの課題だと思っています。私たちは自分の通う学校のある町から中野俣が消えてしまい、さらには杉山まで消えてしまいました。消えた村をふるさととする人もふえたということです。これがどれだけ大きな問題なのか、ぜひ私たちと一緒に考えてみてください。

本書を最後まで読んでいただきありがとうございました。

二〇一八年四月一日

かつやま子どもの村中学校　子どもの村アカデミー
上野陽子・占部愛莉・竹尾つぶら・中山千嘉（二〇一五～二〇一七年度）
平野将広・前田新（二〇一五～二〇一六年度）

参考文献一覧

高瀬重雄監修『図説勝山市』勝山市、平成九年三月三一日
高瀬重雄監修『勝山市史第一巻風土と歴史』勝山市、昭和四九年九月一日
高瀬重雄監修『勝山市史第四巻 宗教・武家等』勝山市、平成一二年八月十日
石畝弘之編纂『勝山市立北谷小学校百二十年史』北谷小学校百二十年史実行委員会、平成七年八月十日
ふるさと・中野俣編集委員会『ふるさと・中野俣』、昭和六二年十二月一日
石井昭示『越前北谷物語 むらの歴史』木犀舎、一九九八年四月一日
石畝弘之編纂『北谷小学校百二十年史』北谷小学校百二十年史実行委員会、平成七年八月十日
福井新聞社『豪雪を記録する 福井県内を襲った五六豪雪の猛威特集』福井新聞社、一九八一年五月
国土交通省近畿地方整備局福井工事事務局『九頭竜川流域誌』二〇〇二年三月
藻谷浩介、ＮＨＫ広島取材班『里山資本主義 日本経済は「安心の原理」で動く』角川書店、二〇一三年七月一〇日
天野義廣『福井県勝山市の生活語彙』勝山市、昭和四〇年九月
北寿会編集委員 編『北谷見聞記』北谷町老人クラブ北寿会、一九八三年
北谷町老人クラブ北寿会編『北谷見聞記続編』北谷町老人クラブ北寿会、一九八八年
北谷小学校・ＰＴＡ編『若木』勝山市立北谷小学校、一九九七年
勝山市立北谷小学校編『あすなろ』勝山市立北谷小学校、一九九七年

石畝弘之『定本小原民俗誌』一九九八年
ふるさと野菜の会編『ふくいの伝統野菜』福井新聞社、一九九八年
福井県勝山市秘書広報課『広報かつやま668号』勝山市、平成二二年七月八日
和泉村教育委員会『いずみ村の生活文化』和泉村教育委員会、昭和五三年七月一日
和泉村『和泉村史』和泉村、一九七七年三月
和泉村総合政策課『ふるさと和泉村』和泉村、二〇〇五年十一月
中山正治『穴馬の歴史と伝説』和泉村教育委員会、一九九四年二月
ふるさと立待編さん委員会編『ふるさと立待』鯖江市立待公民館、一九九四年十二月
多賀町史編さん委員会『多賀町史』多賀町、平成三年十一月三日
多賀町教育委員会・多賀町立文化財センター・滋賀県立大学文学部地域文化学科市川秀之研究所『多賀町民俗調査報告書一』平成二八年三月
堀真一郎『自由学校の子どもたち』黎明書房、一九九八年
無着成恭編集『山びこ学校』岩波文庫、一九九五年七月一七日
佐藤藤三郎『〝村〟の腹立ち日記』ダイヤモンド現代選書、一九七七年九月
妻有の婦人教育を考える集団『豪雪と過疎と―新潟県十日町周辺の主婦の生活記録』未来社、一九七六年二月
池上徹『日本の過疎問題』東洋経済新報社、一九七五年
国鉄問題を考える会編集『どこへゆく国鉄―消される鉄道・過疎地の悲憤』労働旬報社、一九八一年十二月

根本祐二『「豊かな地域」はどこがちがうのか―地域間競争の時代』ちくま新書、二〇一三年一月九日
篠原匡『神山プロジェクト 未来の働き方を実験する』日経BPマーケティング、二〇一四年三月一〇日
吉川洋『高度成長』中央公論新社、二〇一二年四月二五日
武田晴人『高度成長―シリーズ日本近現代史〈8〉』岩波新書、二〇〇八年四月二二日
横石知二『学者は語れない儲かる里山資本テクニック』SBクリエイティブ、二〇一五年八月一二日
高野誠鮮『ローマ法王に米を食べさせた男』講談社、二〇一二年四月六日
佐藤能丸著、滝沢民夫監修『産業の一〇〇年』、ポプラ社、二〇〇〇年四月一日
吉川徹、中村高康『学歴・競争・人生』日本図書センター、二〇一二年十一月
溝上憲文『超・学歴社会』光文社、二〇〇五年四月二二日
五味文彦代表『新しい社会 歴史』東京書籍、平成二六年二月一〇日

・福井県勝山市WEBかつやま <http://www.city.katsuyama.fukui.jp/docs/>（最終アクセス二〇一八年二月八日）
・勝山市統計書「勝山市のすがた 教育・文化」<http://www.city.katsuyama.fukui.jp/docs/uploads/data/19036_data_lib_data_170810103122.pdf>（最終アクセス二〇一八年三月一五日）
・5次勝山市総合計画策定進捗状況市民アンケート結果 <http://www.city.katsuyama.fukui.jp/docs/uploads/data/2246_data_lib_data_100708133201.pdf>（最終アクセス二〇一八年三月一五日）
・恐竜渓谷ふくい勝山ジオパーク「ふくい勝山の恐竜化石発掘調査研究の成果」<http://www.city.katsuyama.fukui.jp/

geopark/about/index.php#con1>（最終アクセス二〇一八年三月一五日）

・福井県立恐竜博物館「日本最古のヨロイ竜類の歯化石の発見について」<https://www.dinosaur.pref.fukui.jp/research/201711ankylo/>、「国天然記念物の文化財指定について」<https://www.dinosaur.pref.fukui.jp/research/NaturalMonument2016/>、「福井県の恐竜発掘」<https://www.dinosaur.pref.fukui.jp/dino/excavation/>、「フクイサウルス・テトリエンシス」<https://www.dinosaur.pref.fukui.jp/dino/dic/Fukuisaurus.html>、「フクイラプトル・キタダニエンシス」<https://www.dinosaur.pref.fukui.jp/dino/dic/Fukuiraptor.html>、「フクイティタン・ニッポネンシス」<https://www.dinosaur.pref.fukui.jp/dino/dic/Fukuititan.html>、「フクイベナトール・パラドクサス」<https://www.dinosaur.pref.fukui.jp/dino/dic/Fukuivenator.html>、「コシサウルス・カツヤマ」<https://www.dinosaur.pref.fukui.jp/dino/dic/Koshisaurus.html>（最終アクセス二〇一八年三月一五日）

・福井ロケーションガイド「恐竜王国ふくい」<http://info.pref.fukui.jp/location/about_fukui.html>（最終アクセス二〇一八年二月六日）

・福井ふるさと百景<http://info.pref.fukui.lg.jp/hyakkei>（最終アクセス二〇一八年三月一五日）

・Ohara Eco Project<https://www.ohara-eco.com/about/>（最終アクセス二〇一八年三月一五日）

・福井工業大学「小原ECOプロジェクト熱中時間」<http://www.fukui-ut.ac.jp/passion/entry-82.html>（最終アクセス二〇一八年三月一五日）

・本巣市地域おこし協力隊〜まっくす隊員ブログ「たった一人の集落に年間一〇〇〇人がやって来る理由を探る」<http://motosuneo.exblog.jp/20767576/>（最終アクセス二〇一八年三月一五日）

・毎日新聞のニュース・情報サイト「小原ＥＣＯプロジェクト 限界集落再生に評価」<https://mainichi.jp/articles/20160121/ddl/k17/040/337000c>（最終アクセス二〇一八年三月一五日）

・林野庁長官賞 小原エコプロジェクト <http://www.foresternet.jp/app/srch1/get_file/11716>（最終アクセス二〇一八年三月一五日）

・Benesse「高度経済成長とバブル経済の違い」<http://benesse.jp/teikitest/chu/social/social/c00782.html>（最終アクセス二〇一八年三月一五日）

・日本歴史めぐり「高度成長期」<http://www.jphistoryrd.com/sho/kodo.html>（最終アクセス二〇一八年三月一五日）

・世界史の窓「朝鮮特需」<http://www.y-history.net/appendix/wh1602-013.html>（最終アクセス二〇一八年三月一五日）

・学歴社会における教育の諸問題と教育改革の展望 <http://www2.gsis.kumamoto-u.ac.jp/study/soturon/98h/sasa.html>（最終アクセス二〇一八年三月一五日）

監修者

堀真一郎

1943 年福井県勝山市生まれ。

1992 年大阪市立大学在職中に，学校法人きのくに子どもの村学園を，和歌山県橋本市に設立。1994 年に大阪市立大学を退職し，きのくに子どもの村学園の学園長に専念し，現在に至る。

著　者

かつやま子どもの村中学校

子どもの村アカデミー（消えた村の研究）

長田のっこ，田村志織（2012，2013 年度）／水上蘭，稲垣雄亮，三宅一輝（2012 年度）／上野陽子，占部愛莉，竹尾つぶら，中山千嘉（2015―2017 年度）／平野将広，前田新（2015，2016 年度）

指導　堀真一郎（学園長）

丸山真生（「影の大人」，校長）

〈かつやま子どもの村中学校〉

〒911-0003　福井県勝山市北谷町河合 5-3

tel. 0779-83-1550　fax 0779-83-1833

http://www.kinokuni.ac.jp/katsuyama/

増補《ぞうほ》・中学生《ちゅうがくせい》が書《か》いた消《き》えた村《むら》の記憶《きおく》と記録《きろく》

2018年9月25日　初版発行

監修者　堀《ほり》　真《しん》　一《いち》　郎《ろう》

著　者　かつやま子《こ》どもの村中学校《むらちゅうがっこう》

子《こ》どもの村《むら》アカデミー

発行者　武馬久仁裕

印　刷　藤原印刷株式会社

製　本　協栄製本工業株式会社

発行所　株式会社　黎《れい》明《めい》書《しょ》房《ぼう》

〒460-0002　名古屋市中区丸の内3-6-27　EBS ビル

☎ 052-962-3045　FAX052-951-9065　振替・00880-1-59001

〒101-0047　東京連絡所・千代田区内神田1-4-9 松苗ビル 4F

☎ 03-3268-3470

落丁・乱丁本はお取替します。

ISBN978-4-654-02306-6